AF462707

BIOGRAPHIE
DE L'ABBÉ L. DORTE

AVIGNON. — IMPRIMERIE SEGUIN FRÈRES

BIOGRAPHIE

DE

L'ABBÉ L. DORTE

Curé de Lédenon sous la Terreur,
de Sommières sous l'Empire, de St-Gilles sous la Restauration

Par l'abbé T. B., curé de Domazan

> *Quibus dignus non erat mundus : in solitudinibus errantes, in montibus, et speluncis, et in cavernis terræ.*
>
> Ces *hommes* dont le monde n'était pas digne, errants dans les forêts solitaires, dans les montagnes, les grottes et les cavernes de la terre.
>
> (Héb., XI, 38.)

SE VEND AU PROFIT D'UNE BONNE ŒUVRE !

S'ADRESSER A M. L'ABBÉ T. B.

Curé de Domazan, par Aramon (Gard)

PRÉFACE

Le temps des persécutions est l'ère glorieuse de l'Église militante. Comme l'or, sorti du creuset, purifiée de ses scories par le feu des tribulations, elle brille d'un éclat incomparable, et l'héroïsme de ses vaillants défenseurs fait oublier la honte et la désertion de quelques lâches apostats. Parmi ces courageux « soldats du Christ (1) » à l'époque de la Terreur, peut figurer en première ligne l'intrépide pasteur de Lédenon, dont la vie entière a été consacrée à la défense de la religion : vie admirable, tourmentée, pleine de péripéties émouvantes, où l'on ne sait ce qu'il faut le plus admirer de la piété du saint, du zèle de l'apôtre ou de l'abnégation et de la constance du martyr.

Nos renseignements sont puisés à de bonnes

(1) *Miles Christi.* Timoth, II, 3.

sources (1), ce qui garantit l'authenticité et la véracité de nos récits.

Notre opuscule paraît à son heure. Comme la Révolution triomphante, nos modernes sectaires tout-puissants : juifs, protestants, francs-maçons, athées, s'efforcent de déchristianiser la France. Ils chassent du prétoire, de l'école, de l'hôpital, etc., etc., la Croix, divin symbole de la vraie

(1) *Pièces et documents officiels pour servir à l'histoire de la Terreur dans le département du Gard.* Nîmes, 1867, imprim. Soustelle.

(1) *Manuscrit* de M. l'abbé Jury-Joly, parent de M. Dorte, qui a vécu plusieurs années avec lui et a recueilli de sa propre bouche ce qu'il a inséré dans ses notes sur la vie de son oncle, notes que nous devons à l'obligeance d'un vénérable chanoine de Nîmes, M. l'abbé Teissonnier, ancien professeur du Grand-Séminaire.

(1) *Notice biographique sur le Père Chrysostome,* par l'abbé Castelnau, actuellement curé de Rochefort.

(1) *Notice biographique. — Éloge funèbre de l'abbé Dorte, curé de St-Gilles,* par M. R. D.

(1) *Traditions orales* de quelques rares survivants de la Révolution qui ont connu l'abbé Dorte, et renseignements fournis par les parents de ce dernier, qui ont conservé quelques-uns de ses manuscrits.

(1) *Les Évêques de Nîmes au XIXe siècle,* par l'abbé Goiffon, archiviste du diocèse, qui a pris connaissance de notre biographie et l'a approuvée. Nîmes, imprim. Roucole, 1873.

liberté et de la vraie fraternité. Mais le Dieu du Calvaire, qui, depuis bientôt deux mille ans, a brisé comme des vases d'argile des ennemis bien autrement puissants que nos pygmées libres-penseurs, se rira à son tour de ces fanfarons d'impiété qui l'insultent et vomissent des blasphèmes contre sa loi sainte. *Ego ridebo et subsannabo* (1).

Dans la vie de l'abbé Dorte, les prêtres trouveront un modèle à imiter, les fidèles un sujet d'édification et d'encouragement. Tous y puiseront de nouvelles forces pour affermir leurs vertus, ranimer leur foi et les rendre invincibles contre l'astuce et la force brutale des partisans fanatiques du matérialisme et de l'athéisme.

(1) *Proverb.*, I, 26.

PREMIÈRE PARTIE

AVANT LA TERREUR

I

LÉDENON (1). — NAISSANCE ET ÉDUCATION DE LOUIS DORTE (2)

Sous le beau ciel d'Occitanie, non loin du monument colossal connu sous le nòm de PONT DU GARD, s'élève en amphithéâtre l'humble village de Lédenon, sur le versant d'une haute montagne, dont le sommet est couronné

(1) Lédenon. LECTINNONES. (Inscript. trouvée à Lédenon. *Villa Letino*, 979 (Cart. de N.-D. de Nîmes, ch. 83). *Ledenonum*, 1311 (*Arch. de Colias*). — Ledeno, 1384 (*Dénombrement de la Sénéchaussée*. — Ecclesiæ de Ledenone, 1386 (rép. du subside de Charles VI). — *Ledenon*, 1435, rép. du subs. de Charles VII. — *Locus de Ledenone, Nemausensis diocesis*, 1474. (Brun, *Not. de St-Geniès-en-Malg.*) — Lédenon, 1567 (J. Ursy, *Note de Nîmes*). Le prieuré de S.-Céris et Ste-Julhitte de Lédenon. *Ibid.*, Ménard, VII, p. 639.

Lédenon appartenait à la viguerie et au diocèse de Nîmes, archiprêtré de Nîmes. On y comptait 14 feux en 1384, 120 feux et 414 habitants en 1744. — Le premier seigneur connu de Lédenon est Pierre d'Aramon, qui prenait le titre de baron et vivait vers le milieu du XVIe siècle. Ses descendants ont possédé cette baronnie jusqu'en 1790. (Germer-Durand, *Diction topogr.*, p. 113). — M. Germain cite le nom d'un seigneur qui serait antérieur à Pierre d'Aramon : c'est celui de Béranger de Frédol, cardinal, seigneur de Ledenon en 1292 (*Hist. de l'Église de Nîmes*, t. I, p. 356).

(2) M. Régis Dugas, dans sa notice historique, écrit *Dorthe* par un *h*. Les autographes de notre confesseur de la foi sont signés : Dorte sans *h*.

par les ruines d'un antique manoir féodal. Ses maisons sont simples et modestes comme ceux qui les habitent ; ses vignobles célèbres, ses collines, sa plaine, couvertes de riches plantations d'oliviers offrent un tableau riant et pittoresque. Son église romano-byzantine était remarquable par un élégant triforium, qui a disparu par suite de constructions récentes, et lui a fait perdre sa forme architectonique et sa régularité primitive. Elle avait été démolie en partie par les Protestants à l'époque de la Michelade, en 1567 (1). Un inviolable attachement au gouvernement monarchique, au catholicisme, la religion de ses ancêtres, une vénération profonde pour ses pasteurs, ont distingué dans tous les temps la population fidèle de Lédenon. C'est dans ce moderne bourg, au milieu de ses chères ouailles que vivait, il y a un siècle, le digne pasteur, l'intrépide confesseur de la foi, dont nous allons essayer de raconter la vie, de dépeindre l'héroïsme et les vertus, quand éclata l'orage de notre première Révolution : époque désastreuse qui fit couler tant de sang et de larmes, où l'on vit briller, à côté de tant de bassesses, de turpitudes et de cruautés, la dignité, la grandeur d'âme et l'abnégation de tant d'innocentes victimes de l'impiété.

Louis Dorte naquit à Bouillargues, banlieue de Nîmes, le 25 août 1744 (2), d'une famille non moins

(1) Ménard (*Histoire de la ville de Nîmes. La Michelade*).

(2) M. R. Dugas se trompe en faisant naître M. Dorte le 25 mars 1745. L'extrait de naissance qui fut produit, à l'époque de l'enterrement, porte la date du 25 août 1744. Le nom de Louis, qui lui fut donné, le prouverait au besoin, car, selon

honorable par sa foi et ses vertus que par le rang qu'elle occupait dans cette commune. Il fut baptisé le lendemain par M. Gauthier, alors curé de Bouillargues, non dans l'église paroissiale, à laquelle on faisait d'importantes réparations, mais dans une maison voisine, devenue aujourd'hui l'établissement des Frères Maristes, où l'on célébrait provisoirement les saints mystères. Louis donna dès sa première enfance les espérances les plus flatteuses pour sa famille et des signes non équivoques de sa vocation à l'état ecclésiastique. Son amour pour l'étude, sa docilité, sa modestie, sa tendre piété étaient remarquables dans un enfant de son âge. Les vocations bien prononcées se manifestent et se dessinent de bonne heure. Le jeune Achille déguisé dans l'île de Scyros sous des vêtements qui n'étaient point ceux de son sexe, trahit son amour pour la gloire militaire et fait déjà pressentir l'intrépide guerrier et le vainqueur d'Hector. Le jeune Louis ne se plaisait qu'au pied des autels ; il aimait surtout les cérémonies de l'Église, et il remplissait auprès du vieux curé de Bouillargues avec une piété angélique les fonctions de clerc et de lévite. Il charmait les regards sous sa tunique de lin, et sa belle et fraîche figure, qui respirait la candeur et l'innocence, impressionnait vivement les fidèles qui assistaient aux cérémonies religieuses.

« Son père, greffier de la juridiction locale, après avoir pris lui-même soin de son éducation, le plaça au collège de Nîmes, où la rapidité et le succès de ses

l'usage reçu, les enfants portaient et portent encore généralement le nom du saint dont la fête coïncide avec le jour de leur naissance.

études furent tels, qu'à l'âge de treize ans, il sortit avec distinction de la classe d'humanités. Son père, qui le destinait au barreau, voulait l'envoyer à Toulouse faire son cours de droit, mais le jeune Louis avait d'autres vues ; un attrait irrésistible l'appelait au ministère évangélique. Il fit l'ouverture de son projet à son père, qui se trouva contrarié, parce qu'il n'avait d'autre fils que lui ; mais, comptant peu sur la fixité d'une vocation dans un âge si peu avancé, il consentit, non sans peine, à lui permettre d'aller achever ses études au Grand-Séminaire de St-Charles, à Avignon, dirigé alors par le savant et saint M. Garat.

« Louis s'y trouva sans contredit le plus jeune des philosophes de cette célèbre école et y fournit avec le plus grand succès la carrière préliminaire de ses longs travaux.

« C'est là qu'il devint le compagnon et l'ami de tant de dignes ecclésiastiques qui, plus tard, enfants des périls et des persécutions, confessèrent, au prix de leur sang, la vérité de la foi dont ils avaient reçu le dépôt dans cette sainte maison. C'est là aussi que, parmi tant d'autres, il se trouva, sans redouter leur concurrence, le condisciple des abbés Maury et de Boulogne, orateurs distingués, dont l'un devint prince de l'Église, et l'autre évêque de Troyes.

« Mais le jeune Louis marchait plus vite que le temps : à dix-huit ans il avait fini ses hautes études, et n'était pas d'un âge à travailler pour les autres ; il doubla son cours de théologie et de droit canon, et sortit à vingt-trois ans de son cher Séminaire, que nous lui avons vu regretter dans ses vieux jours (1). »

(1) *Notice historique sur la vie de feu M. Louis Dorthe, curé de la paroisse de St-Gilles*, p. 6-7. (Se vend à St-Gilles, au profit des pauvres, 1830).

II

L'ABBÉ DORTE EST NOMMÉ VICAIRE DE MARGUERITTES, ENSUITE CURÉ DE LÉDENON.

L'abbé Dorte fut promu à la prêtrise en 1770. L'ardeur infatigable avec laquelle il s'était livré à l'étude, au séminaire de St-Charles, avait gravement altéré sa santé, quoiqu'il fût d'un tempérament fort et robuste ; il comprit lui-même qu'il avait besoin de repos et qu'il ne pouvait sans imprudence se consacrer aux travaux pénibles du saint ministère, avant d'avoir réparé ses forces épuisées par de longues veilles. Ce fut dans ce dessein que Mgr de Bec-de-lièvre (1), alors évêque de Nîmes, l'envoya au sein de sa famille, qui lui avait demandé cette faveur, et où se trouvaient trois sœurs du jeune prêtre, très désireuses de soigner une santé si chère.

A peine vit-il ses forces rétablies, qu'à l'insu de ses parents il se rend à Nîmes, et va se mettre généreusement à la disposition de son évêque. Le prélat, dans

(1) BEC-DE-LIÈVRE. — Armes de la famille : D'azur, à deux croix haussées, fleuronnées, au pied fiché, rangées en pal d'argent et en pointe une coquille de même. (Migne, *Dict. hérald, page* 229).

Variantes : Deux croix tréflées, au pied fiché d'argent, accompagnées d'une coquille oreillée de même en pointe. (Migne, *Dict. d'épigraphie sacrée, t. I. page* 415).

son intelligente sollicitude, chercha à concilier le désir ardent du ministre des autels avec la crainte légitime de ses sœurs. Il lui proposa de l'envoyer en qualité de vicaire à Marguerittes, paroisse voisine de Bouillargues, où des soins pouvaient aisément lui être prodigués, si sa santé encore un peu chancelante était de nouveau menacée par les labeurs du saint ministère. L'abbé Dorte, toujours soumis à ses supérieurs, regardant leur volonté comme celle de Dieu même, accepta avec gratitude le poste qui lui était offert et assura Sa Grandeur que sa famille serait reconnaissante de cette bienveillance paternelle à son égard. Il se rendit sans retard à Marguerittes, où son dévouement, ses vertus, ses manières polies, son aménité et surtout son talent pour la prédication, lui eurent bientôt gagné tous les cœurs.

M. Joannis, curé de cette importante paroisse, apprécia bientôt le mérite du collaborateur que la Providence lui donnait afin de seconder ses courageux efforts pour le bien. Il était ravi de joie en voyant les fruits de salut que produisait le zèle du jeune prêtre, travaillant avec une ardeur toujours nouvelle à raffermir les justes dans la voie de la vertu et à ramener au bercail les brebis égarées. Mais, formé en peu de temps à l'apostolat, initié à l'art si difficile de la direction des âmes, l'abbé Dorte devait aller bientôt défricher une autre partie du champ du Père de famille.

Le prieuré-cure (1) de Lédenon étant devenu vacant, Mgr Bec-de-lièvre jeta les yeux sur lui pour l'occuper.

(1) Lédenon n'était pas un prieuré-cure, mais bien une vicairie perpétuelle ; ce prieuré appartenait à l'abbesse de St-Sauveur. (*Not. de l'abbé Goiffon*).

Cette nomination fut un coup de foudre pour les bons habitants de Marguerittes, qui versaient d'abondantes larmes en apprenant cette nouvelle fatale, et pour M. Joannis, qui allait se voir séparé de son cher Timothée. Le digne curé se rendit en toute hâte à l'évêché, fit part à sa Grandeur de la résolution qu'il avait prise de résigner son titre en faveur du savant et pieux vicaire qu'il voulait conserver à tout prix à ses ouailles éplorées. Mais Monseigneur ne jugea pas à propos d'accepter une proposition qui faisait honneur aux deux ministres de J.-C. L'abbé Dorte, calme et résigné, parce qu'il savait faire la volonté de Dieu et pratiquer la vertu si difficile de l'obéissance, regarda la décision de son évêque comme un arrêt du Ciel. Il s'éloigna de Marguerittes au milieu des sanglots, se rendit à Lédenon où l'avait précédé le bruit de ses vertus et de ses talents, et où il reçut le plus bienveillant accueil. C'est là qu'il devait se montrer plus grand encore dans les jours de malheur qu'il ne l'avait été dans les jours prospères : c'était en 1772 (1).

(1) Cette date, indiquée par M. R. Dugas dans sa *Notice historique sur M. Dorte*, nous paraît plus probable que celle que donne M. Jury-Joly dans son manuscrit, qui ne le fait arriver à Lédenon que peu de temps avant 1784. C'est dans cette dernière année que mourut Mgr Bec-de-Lièvre, après une longue et douloureuse maladie, après avoir été administré par M. Jacomon, curé de St-Castor. (Voir *Les Évêques de Nîmes au XVIII*e s. *par l'abbé Goiffon*, page 175, Nîmes, Bédot libraire-éditeur, 1873.

III

LE PRESBYTÈRE DE LÉDENON

Voyez-vous au pied de la montagne, à l'entrée du village, cet édifice de simple structure, en forme de parallélogramme, qui se fait remarquer par la blancheur de ses murs fraîchement recrépits et la couleur verte de ses croisées ? C'est le presbytère. Franchissez-en le seuil, vous trouverez à droite, au bout d'un étroit corridor, un charmant salon : six chaises garnies en paille jaune, un grand fauteuil doublé d'indienne à grands ramages, un sofa recouvert de la même étoffe, une table de noyer en composent à peu près tout l'ameublement. Comme ornement, vous apercevrez sur la cheminée un beau et grand crucifix d'ivoire, deux chandeliers de laiton, deux grands vases de faïence, où, dans la saison des fleurs, la rose, la marguerite, l'œillet, le lis, etc. étalent leurs splendides couleurs et exhalent leurs suaves parfums. Vous verrez sur la table, ornée d'un tapis de laine bleue, une vieille Bible, quelques livres de théologie et un volume de Bourdaloue. Aux murs sont appendus deux tableaux de moyenne grandeur ; l'un représente J.-C. sous la figure du Bon-Pasteur, emportant sur ses épaules à travers les forêts la brebis errante et vagabonde ; la joie rayonne sur son front divin ; on voit dans l'autre, le Sauveur, à l'ombre d'un sycomore, assis près du puits de Jacob, parlant à la Samaritaine et faisant couler dans l'âme de cette pécheresse quelques gouttes de cette eau mystérieuse qui jaillit jusqu'à la vie éternelle.

A gauche est la cuisine à la voûte un peu surbaissée, à la cheminée large, aux murs étincelants de l'éclat des ustensiles de ménage remarquables par leur propreté, car, malgré ses soixante ans révolus, la vieille servante, active, laborieuse, est très rangée, et l'ordre, la propreté, c'est presque tout son luxe et son ambition. Dans un coin est suspendue une quenouille garnie de chanvre de Grenoble, recouverte d'un lambeau de tapisserie. Au-dessus du salon et de la cuisine sont deux chambres modestement meublées et dont les murs sans tapisserie sont simplement blanchis à la chaux.

Au fond du corridor s'ouvre une porte élancée par laquelle on entre dans un vaste et superbe jardin aux allées larges et sablées, ornées d'une bordure de buis taillés avec goût et symétrie. Des plantes et de nombreux arbres fournissent dans la saison de belles fleurs et des fruits savoureux. Du côté du nord règne une élégante tonnelle qui procure au bon prieur dans l'été un ombrage agréable et à l'automne des muscats délicieux. C'était la promenade favorite de l'abbé Dorte. A l'extrémité de la tonnelle s'élevait un élégant pavillon. Le jasmin odorant, le rosier grimpant y jetaient à profusion leurs ombres et leurs fleurs, et le grand liseron y suspendait gracieusement ses clochettes bleues. L'intérieur était orné d'un siège de gazon et d'une table rustique. Le digne curé soignait lui-même ses plantes et ses arbres, et ne dédaignait pas, après le dîner, de prendre la bèche et le râteau. Son jardin était pour lui un objet de prédilection, et il était radieux de joie quand il voyait briller sur les gradins du maître-autel ou sur ceux de la chapelle de la Vierge les riches fleurs qu'il avait cueillies de sa propre main, et qu'il offrait comme un symbole et un gage de son amour à sa tendre Mère et à Celui qui donne l'existence et l'accroissement à tout ce qui germe et vit dans la nature.

IV

VIE INTIME ET VIE PUBLIQUE

C'est dans cette paisible retraite, dans ce riant presbytère, au sein d'une population croyante et fidèle, que s'écoulaient joyeux, sereins et tranquilles les jours de l'excellent prieur. Il partageait son temps entre la prière, l'étude et les fonctions de sa charge pastorale. Quand l'aube commençait à blanchir les noirs sommets de la montagne qui dominait le village, le pasteur matineux quittait sa couche, et les rayons du soleil naissant le trouvaient à genoux offrant à Dieu les prémices de sa journée avec ses joies, ses peines et ses labeurs, et les premiers battements de son cœur qu'embrasait l'amour le plus tendre. La fenêtre de sa chambre s'ouvrait sur le jardin, du côté de l'orient, et il avait sous les yeux les premières chaînes des Alpines aux contours bleuâtres, et le mont Ventoux élevant son blanc sommet au-dessus des nuages. Dans la belle saison, il descendait dans le jardin et se promenait dans ses riantes allées en récitant son bréviaire. Avec le parfum des fleurs, le chant des oiseaux, cachés sous le feuillage, montait vers le Dieu de la création la prière du saint prêtre, parfum mille fois plus pur et plus suave que celui des fleurs, mélodie plus ravissante que celle des chantres ailés de la nature.

Le bréviaire récité, il allait se prosterner sur les marches de bois de l'autel rustique et se préparer par la méditation à la célébration des saints mystères. Le saint sacrifice terminé, après une longue action de grâces, il rentrait dans son presbytère, se livrait à l'étude de l'Ecriture sainte, des Pères et de la Théologie, douce occupation qui avait pour lui tant de charmes. Après un repas frugal à midi et une courte promenade dans le jardin, il commençait la visite des pauvres et des malades. Il caressait et bénissait les enfants qui accouraient sur ses pas, riants et joyeux, souvent les pieds nus et la chevelure flottante, pour baiser le pan de sa soutane et ses mains vénérables. Il leur distribuait de temps en temps des médailles, des images ou des friandises, et leur adressait toujours des paroles amicales et paternelles. — Oh ! qu'il était beau aux yeux de la foi ! Qu'il était admirable de tendresse, de compassion et de charité pour ses pauvres infirmes ! Quand le pasteur apparaissait sur le seuil de leurs demeures, sa seule vue dissipait la tristesse, un éclair de joie illuminait ces fronts ridés par la douleur. Il leur parlait comme un père parle à ses enfants, et sa douce parole, allégeant le poids qui accablait le corps et le cœur des malades, glissait dans leur âme, comme un baume souverain qui calmait toutes leurs souffrances. Quel charme ! quelle éloquence dans ces entretiens familiers, ces allocutions simples, sans art, mais onctueuses comme la charité qui les dictait !

Quand ils étaient dans le besoin, il ne se contentait pas de les consoler et de les fortifier par les exhortations et les sages conseils que lui dictait la foi, il venait à leur secours par d'abondantes aumônes, et souvent, par son ordre, la servante du charitable prieur apportait secrètement, sous les plis de son large tablier, le potage et le rôti destinés à la table de son maître. Initié aux connaissances hygiéniques et médicales, il leur était très utile par ses bons avis, leur épargnait les visites très coûteuses du docteur, et ses sages et salutaires conseils produisaient souvent de merveilleux effets.

L'abbé Dorte, naturellement sensible et impressionnable, amateur passionné des beautés de la nature, au sein de laquelle il vivait dans son modeste village, avait eu dans sa jeunesse un goût prononcé pour la lecture des poètes. Il avait même composé quelques pièces fugitives et quelques cantiques (1), où, malgré quelques négligences de style, on découvrait le germe d'un véritable talent poétique. Des pensées plus graves et plus sérieuses remplacèrent les pensées et les rêveries du jeune âge, et la lecture de l'Ecriture sainte, des Pères, des théologiens et des orateurs sacrés succéda à celle des auteurs profanes. Il trouvait d'ailleurs dans la Bible le trésor inappréciable d'une poésie toute céleste, incomparablement supérieure en harmonie, en éclat, en grandeur, en sublimité, à tous les poèmes de la terre.

Après le repas du soir, il aimait à goûter les douceurs d'une promenade champêtre. Il gravissait les

(1) Nous en avons lu quelques-uns en l'honneur des patrons de Lédenon.

coteaux et les montagnes, et prenait plaisir à contempler l'immense plaine et le magnifique panorama qui se déroulait à ses pieds. Il retournait ensuite dans sa charmante solitude, causant familièrement avec les paysans qui regagnaient leurs foyers, le hoyau sur l'épaule, ou guidant de l'aiguillon les mulets revenant à pas lents du labour. La récitation du chapelet, la prière du soir faite en commun à l'église terminaient la journée.

Telle était la vie sainte et paisible que menait depuis de longues années le pasteur au milieu de ses ouailles chéries. Mais tout à coup retentirent les premiers éclats de la foudre, signe avant-coureur de la plus effroyable tempête.

V

L'ABBÉ DORTE S'APPLIQUE A FORMER LES ÉLÈVES DU SANCTUAIRE

Le zèle de la maison de Dieu embrasait le cœur du saint prêtre. Or, le zèle est comme la flamme, qu'on ne saurait comprimer et qui se manifeste toujours au dehors. Non content de travailler à la sanctification du troupeau qui lui était confié, le digne pasteur s'efforçait encore de recruter de vaillants soldats pour la sainte milice. Doué d'une rare sagacité, il savait distinguer parmi les enfants ceux qui, par leur piété, leur intelligence et leurs aptitudes, donnaient des signes de vocation à l'état ecclésiastique. Il avait un talent particulier pour cultiver ces jeunes plantes qui devaient être plus tard l'ornement du champ du Père de famille. Simple vicaire de Marguerittes, il commença à exercer avec succès ce genre d'apostolat ; et dans un âge avancé, exempt des nombreuses infirmités qui sont l'apanage trop ordinaire de la vieillesse, il consacrait encore ses soins, et souvent les fruits de ses épargnes, pour donner à l'Eglise de dignes ministres et remplacer les vides immenses qu'avaient faits dans les rangs du sacerdoce la mort ou l'exil durant la persécution. Il a existé, dans les divers degrés de la hiérarchie, plusieurs prêtres qui devaient à la sage direction de l'abbé Dorte le bonheur d'avoir été élevés à cette dignité sublime.

Marguerittes, Lédenon, Sommières. Saint-Gilles, qui furent les principaux théâtres de ses travaux apostoliques, devinrent comme des pépinières sacrées de saints lévites, dont plusieurs étaient encore, à une époque peu éloignée, l'honneur et la gloire du sanctuaire. Il aimait à réunir auprès de lui les jeunes gens en qui il croyait apercevoir des signes de vocation au ministère pastoral ; il soignait lui-même leur éducation cléricale sous le bon plaisir et avec l'autorisation de Mgr l'évêque de Nîmes. Quand son front vénérable fut couronné de cheveux blancs, qu'il ne lui fut plus permis de diriger lui-même les fortes études de ceux qu'il avait adoptés pour ses fils spirituels, il en confiait le soin à des hommes capables et de son choix. Plus tard, quand la paix fut rendue l'Eglise, que les séminaires furent rouverts, il envoyait les jeunes lévites dans ces maisons saintes, se chargeant lui-même de la majeure partie des frais de leur éducation. Parmi les élèves distingués qu'il fit entrer dans les rangs de la milice sacerdotale, nous nous contenterons de citer les noms de quelques prêtres distingués, dont le temps n'effacera jamais le souvenir : M. Guinoir, de Saint-Gilles, mort à Diarbékir, vicaire-général de Mgr Auvergne, délégat apostolique au Mont-Liban ; l'abbé Gervais, de Manduel, célèbre prédicateur ; M. Boucarut, de Sommières, vicaire-général de Mgr Plantier, évêque de Nîmes ; Mgr Meyrieu, évêque de Digne ; M. Teissonnier, professeur de dogme au grand séminaire de Nîmes, actuellement chanoine ; l'abbé Jury-Joly, etc., etc.

Nous croyons devoir reproduire ici une lettre de

l'abbé Dorte, que nous devons à l'obligeance d'un de ses proches parents, et où se révèlent son zèle ardent pour la gloire de Dieu et les sentiments affectueux qu'il nourrissait pour sa famille. Voici ce qu'il écrit à un de ses neveux, élève du petit séminaire d'Avignon :

« Il te tarde sans doute de recevoir de mes nouvelles, mon cher neveu, je ne suis pas moins empressé de recevoir des tiennes et d'apprendre par toi-même combien tu te félicites d'être dans une maison où tout respire la piété, l'ordre, l'émulation et où la sainteté des grands personnages qui l'ont dirigée et qui la dirigent encore (1) semble se transmettre d'eux à leurs élèves comme l'air qu'on y respire. Aussi, mon cher ami, combien je m'attends à te voir mériter leur bienveillance et leur affection, et te trouver digne de ma tendresse et de mon estime. Pour cela, tu as plusieurs devoirs à remplir : les premiers t'imposent l'obligation rigoureuse de purifier ton intention avant de prier, comme quand tu te livres à l'étude ; te rappeler la présence de Dieu qui t'observe et ne te perd jamais de vue pour te récompenser ou te punir dans le temps ; te proposer pour fin principale de toutes tes actions de lui plaire et de lui en faire l'offrande ; te livrer à l'étude, non pas dans le dessein d'acquérir une vaine science qui enfle le cœur et qui égare l'esprit, mais qui te dispose à te remplir des connaissances nécessaires dans le saint état où Dieu t'appelle, afin de

(1) M. de Prilly, plus tard évêque de Châlons, était alors supérieur du petit séminaire d'Avignon.

pouvoir t'instruire toi-même, et instruire les autres et te sanctifier avec eux. Le grand, l'unique moyen de réussir, c'est de te bien pénétrer de la crainte et de l'amour de Dieu, et joindre à une grande application à tes devoirs une excellente conduite. Tâche de capter l'amitié de ton professeur en lui montrant beaucoup, beaucoup de soumission, d'affection et de confiance.

« Tu dois avoir vu ton père ; il y a quelques jours qu'il m'écrivit et me dit qu'il partait pour Avignon, afin de voir par lui-même comment tu te trouves. Tu dois lui tenir compte de cette visite qu'il ne t'a faite que par l'impulsion de sa tendresse pour toi. Tu connais toute l'affection que te portent tous tes parents ; souviens-toi que tout te fait un devoir d'y répondre et mérite qu'on leur rende un bon témoignage de ta conduite et de tes progrès... Évite de faire des dépenses inutiles et surtout en livres. Tu sais que tu as chez moi une bibliothèque assez nombreuse et bien choisie.

« Adieu, mon cher ami, aime bien le bon Dieu, honore tes maîtres, sois honnête et officieux envers tes collègues, et, assuré de mon amitié, applique-toi à acquérir des droits à mon estime. Je te salue.

« DORTE, *curé de Saint-Gilles.*

« Saint-Gilles, 13 novembre 1826. »

VI

L'ABBÉ DORTE ORATEUR

L'abbé Dorte n'était pas seulement un maître habile, instruit et éclairé,dont la parole digne,douce et onctueuse, lui gagnait l'estime et l'affection de ses disciples, il savait aussi dominer la foule par l'éclat et la vigueur de son éloquence. Il possédait toutes les qualités et toutes les conditions requises pour plaire, instruire, toucher et convaincre, en un mot les qualités qui font l'orateur, c'était vraiment l'homme de Quintilien : *Vir bonus dicendi peritus*, « l'homme de bien habile dans l'art de parler. » Ses connaissances très étendues, il les avait puisées aux sources les plus pures : dans l'Ecriture sainte et les Pères, l'histoire de l'Eglise, la théologie et le droit canon. Son imagination brillante, son jugement droit et solide, son élocution facile, sa foi ardente qui se manifestait par l'animation de son geste et l'expression de sa majestueuse figure, le rendaient admirable en chaire. Sa haute taille, sa voix tonnante, son débit tour à tour mâle et gracieux, le feu de ses regards, charmaient et fascinaient, pour ainsi dire, son auditoire.

Il savait, au besoin, descendre des hauteurs où planait son esprit élevé et se mettre au niveau des plus humbles intelligences, auxquelles il faisait toujours entendre un langage vraiment apostolique. C'est ce qui nous explique l'enthousiasme qu'il excitait dans les masses. Sa réputation se répandit au loin, et il se vit contraint plusieurs fois d'aller occuper les chaires principales des diocèses de Nîmes, d'Avignon et de Montpellier, et toujours ses prédications furent couronnées du plus brillant succès.

En 1789, M. Dorte fut invité à prêcher le carême à Bordeaux. Il y fut suivi par l'abbé Gervais, un de ses élèves, qui prêcha en même temps la station quadragésimale dans une autre paroisse de la ville. L'époque était critique, les esprits en fermentation, et les hommes clairvoyants entrevoyaient déjà des signes précurseurs des formidables désastres qui allaient épouvanter la France. La circonstance peut avoir prêté à ce que l'on raconte de merveilleux sur les discours du *prieur* de Lédenon. Quoi qu'il en soit, des hommes graves et sérieux, peu après disaient, à Bordeaux, ce que l'histoire nous apprend du P. Beauregard (1) prêchant à la même époque à Notre-Dame à Paris : qu'il avait prédit les sanglantes et sacrilèges saturnales de la Révolution. Le triomphe du modeste curé fut complet, et sa parole éloquente laissa dans les esprits de si profonds souve-

(1) Voici les paroles prophétiques de l'éloquent jésuite : « Oui, vos temples, Seigneur, seront dépouillés et détruits, vos fêtes abolies, votre culte proscrit. Mais qu'entends-je ? grand Dieu ! que vois-je ? Aux saints cantiques qui faisaient retentir les voûtes sacrées en votre honneur succèdent des chants lubriques et profanes ! Et toi, divinité infâme, impudique Vénus, tu viens ici même prendre audacieusement la place du Dieu vivant, t'asseoir sur le trône du Saint des Saints, et recevoir l'encens de tes nounouveaux adorateurs. » (Feller, *Dict. hist.*, art. Beauregard).

nirs que des messagers bordelais, quand le gouvernement demanda aux prêtres la prestation du serment à la constitution civile du clergé, se rendirent à Lédenon, pour offrir à l'abbé Dorte, au nom de la municipalité, l'archevêché de Bordeaux.

L'abbé Dorte avait employé ses nombreux loisirs à cultiver par de fortes études et un travail assidu ses talents oratoires. « On lui connaissait, dit un de ses biographes (1), trois carêmes écrits, une dominicale complète et un traité sur la doctrine chrétienne, chef-d'œuvre de clarté, de précision et de solidité ; c'est ce qui a donné aux connaisseurs la clé de sa prodigieuse facilité à parler d'abondance.

« Nul ne possédait ce talent à un si haut degré que que lui ; il paraissait que sa mémoire en faisait tous les frais, car il fallait avoir produit et conservé, pour reproduire, à de longs intervalles, des pièces que l'on aurait crues écrites de la veille, et où l'on aurait pu distinguer une étude profonde. »

L'éloquence du saint prêtre, qui avait été si utile aux autres, pour le salut des âmes, devait lui être utile à lui-même et elle lui sauva la vie dans une des circonstances les plus critiques et les plus périlleuses. Dieu dispose tout pour sa gloire et pour le plus grand bien de ses élus. Tombé entre les mains des farouches satellites de la Révolution, comme nous le dirons plus tard, garrotté et lié à un arbre pour être fusillé, après une courte prière, le courageux prisonnier adressa aux bandits

(1) M. R. DUGAS, *Notice historique sur la vie de M.* DORTE, curé de ST-GILLES, p. 20.

stupéfaits, avec un admirable sang-froid et, une étonnante énergie, quelques paroles si fortes et si persuasives, qu'elles désarmèrent leur fureur; il obtint un sursis, et, grâce à l'intervention du consul de Saze, il put reprendre tranquillement le chemin de la grotte qui lui servait d'asile au milieu des bois.

VII

L'ERMITAGE DE COLLIAS ET L'ÉGLISE DE NOTRE-DAME DE LAVAL

Dieu nous frappe quelquefois, mais toujours en père. S'il permet que le juste soit purifié par le feu des tribulations, comme l'or dans le creuset, il est toujours auprès de lui pour le consoler et le fortifier ; s'il charge ses épaules d'une croix trop lourde, il fait arriver un cyrénéen qui l'aide à la porter. Il place toujours le remède à côté du mal, et sur les rivages des mers les plus parsemées de récifs brille toujours au sein des ténèbres la lumière amie de quelque phare.

L'ermitage de Collias, qui était le but ordinaire des promenades du bon prieur pendant les jours de paix et de calme, devait, dans les jours d'orage et d'épreuves, lui servir d'asile assuré et lui donner dans la fidélité et le dévouement d'un jeune solitaire, le compagnon de ses périls et de ses souffrances, une source des jouissances les plus pures et les moyens d'échapper à la rage de ses persécuteurs.

A trois ou quatre kilomètres de Lédenon, au nord-ouest, s'ouvre une gorge profonde, entourée de rochers abruptes d'un aspect sauvage et pittoresque, couverte de chênes, de houx, d'arbousiers, de fusains et de mille autres arbustes. A l'extrémité de la vallée et au dessous d'une énorme masse de calcaire apparaît aux regards un vaste enfoncement qui, de temps immémorial, a servi de demeure à de nombreux ermites, et probablement à saint Véredème (1), peut-être le plus ancien de tous. La grotte est divisée en deux compartiments, dont l'un servait de cuisine et de réfectoire, comme l'indiquent une cheminée étroite et une table de pierre, et l'autre d'oratoire et de dortoir, comme le fait présumer une niche creusée dans le roc.

Les pieux anachorètes ont utilisé ce terrain ingrat et formé des plate-bandes où croissent la vigne, le cerisier, le figuier et autres arbres à fruit; les sentiers sont bordés de fleurs et de gazon. L'onde pure et limpide d'une d'une délicieuse fontaine arrose quelques arpents de terre, dont le riant aspect contraste avec la sombre horreur des bois qui les entourent et offre quelque ressem-

(1) Le saint anachorète, plus tard évêque d'Avignon (1), passa probablement plusieurs années dans la grotte vénérée de Collias. La tradition locale confirme cette opinion, et de nos jours encore on désigne certains endroits du territoire de cette commune sous les noms de *Soubaù de San Fredemou*, *airo de San Fredemou*, etc. Importuné sans doute par le concours des fidèles qu'attirait le bruit de sa sainteté, le pieux ermite dut remonter les rives du Gardon et se fixer près de l'oratoire établi à côté de la grotte et des moulins de *la Baume*, sur le territoire de Sanilhac, oratoire récemment restauré par M. Revoil. Sur le pied droit de l'abside se lit cette inscription en lettres conjointes, qui accuse au moins le XIe siècle :

DEDICACIO
ECCLESIÆ SANCTI PETRI
NONO KALENDAS SEPTEMBRIS

1) Voir *Breviar. Rom propr. diœc. Nemausensis.*

blance avec les charmantes demeures qu'habitent les Maronites du mont Liban. C'est une oasis en miniature au sein du désert. Les eaux se réunissent au pied de la montagne dans un bassin creusé par la nature, qu'ombragent de leurs rameaux des saules et des chênes, que le lierre enlace de ses vertes feuilles et où le liseron et la clématite suspendent leurs campanules et leurs blanches guirlandes.

A côté de la grotte s'élève l'antique église de Notre-Dame de Laval ; il ne reste de ses constructions primitives que le portail. Cette dernière partie et le chœur actuel servent de point d'appui à deux petites voûtes superposées et se communiquant au moyen d'une trappe ; c'était là que l'abbé Dorte et son fidèle compagnon se retiraient souvent pendant la tourmente révolutionnaire. L'archéologue lira avec plaisir plusieurs inscriptions assez bien conservées, gravées sur des dalles funéraires qui accusent des tombes romaines ou gallo-romaines (1), et que l'on voit dans l'intérieur de l'église sur les murs adjacents :

(1)

D. M.
L. ANTONI
MACRINI

....ARAMONI
PORTICUM

D. M.
MEMORIAE
SANCTISSIMAE
ECCAR SABINI
FIL
L. SABINIVS
SEVERVS PATRI
MELLITISSIMO

MARTI
BVDENIO
RATVS
SEVER...
FILIVS

La seconde inscription, découverte par M. François Germer-Durand, prouve, d'après lui, que l'oppidum des bords du Rhône était *Aramon* et non *Aramons, autel de la montagne*. Cependant deux autels antiques récemment découvert dans le verger de M. Sauvan, à *St-Martin*, au pied de la montagne, semblent confirmer l'étymologie de *ara montis*.

VIII

LES DEUX ERMITES

Le zélé curé de Lédenon s'appliquait avec une ardeur vraiment apostolique à remplir tous les devoirs que lui imposait sa charge pastorale, et le salut des âmes confiées à sa sollicitude était sa préoccupation habituelle. Tous ses paroissiens lui étaient chers, mais, à l'exemple du divin Maître, il aimait d'un amour de prédilection les enfants et cultivait, comme nous l'avons déjà vu, ces jeunes plantes si délicates et si dignes d'intérêt.

Parmi ses nombreux catéchumènes, il distingua un petit berger, Louis Mailhan, qui paraissait animé des plus heureuses dispositions pour la vertu, et qui devait être le compagnon de ses travaux, son pourvoyeur dans la disette, son guide et son soutien dans les plus terribles épreuves. Il devait être, en quelque sorte, l'Élisée de cet autre Élie, le Timothée de ce nouveau Paul. Plein de mépris pour le monde et ses joies éphémères, Louis aimait la retraite et la solitude, et il n'était jamais plus content que lorsqu'il pouvait réciter son rosaire ou faire quelques lectures pieuses, tandis que son troupeau paissait au fond des vallées ou sur les sommets des montagnes. La semence de la divine parole avait produit les fruits les plus abondants dans cette âme noble et candide. Après sa première communion, il fut confié par le curé de Lédenon aux soins d'un vénérable vieillard, qui avait choisi pour demeure la grotte que nous avons décrite, et recevait avec la plus grande bonté les pèlerins qui venaient visiter l'église de Notre-Dame de Laval. Le maître n'eut qu'à se louer de la ferveur de son disciple, de sa docilité, de sa modestie, de son amour pour le travail et de son assiduité à tous les exercices de la vie érémitique. On voyait refleurir dans cette paisible solitude les vertus des anges du désert. Les deux anachorètes passaient une partie de la nuit en prière. Avant l'aurore, ils récitaient l'office, chantaient des hymnes et des cantiques, et aux premiers rayons du soleil, Louis descendait dans le verger, arrosait les plantes, prenait le hoyau, cultivait la vigne et épierrait les sentiers qui conduisaient à l'ermitage. Après son frugal repas, il se prosternait aux pieds du vieillard qui lui donnait sa bénédiction, et, la besace sur le dos, les sandales aux pieds, il s'en allait quêter, le rosaire à la main ou suspendu au cordon blanc qui serrait sa robe de bure.

Doux, affable, poli envers tout le monde, il était accueilli avec bonté dans tous les villages d'alentour, qu'il visitait fréquemment, et où on lui donnait d'autant plus volontiers qu'il accueillait lui-même avec la plus grande bienveillance tous ceux qui visitaient l'ermitage : touchante hospitalité qui nous rappelle les mœurs primitives de nos pères ne faisant tous qu'un cœur et qu'une âme. Les quêtes de Louis, les fruits et les légumes de leur modeste jardin suffisaient et au delà à l'entretien des deux solitaires, qui menaient une vie très frugale. Le jeune et pieux ermite ne se contentait pas de recueillir des aumônes, il cherchait encore à rendre ses excursions utiles à ses frères. En échange de leurs offrandes, il leur faisait lui-même l'aumône spirituelle de quelques sages conseils et de quelques touchantes exhortations. Il aimait à visiter les malades pour les fortifier et les consoler dans leurs combats et leurs souffrances, et lorsqu'ils échangeaient cette vie de misère contre une vie meilleure, après avoir bien souvent recueilli leurs derniers soupirs, il prenait la pioche du fossoyeur et creusait la tombe destinée à recevoir leurs dépouilles mortelles. Après avoir rempli ces pieux offices, il reprenait sa besace et son bâton, et retournait dans sa chère solitude, où, après une courte adoration au pied de l'autel, il allait redemander sa bénédiction à son vénérable maître.

Dix ans de cette vie, toute d'abnégation, de prière, de charité, s'écoulèrent, au bout desquels, le vieillard, comme Paul, s'endormit du sommeil des justes sans agonie, sans souffrances, sans combats. De retour d'une de ces excursions, le bon Frère Louis trouva son bon père à genoux devant l'oratoire du jardin sans mouvement et sans vie, les mains étendues, la tête légèrement inclinée : sa belle âme avait pris son essor vers le ciel.

L'abbé Dorte venait souvent, surtout le dimanche, après le chant des vêpres, visiter nos deux solitaires. Quand le jeune Louis se trouva privé de l'appui et des sages conseils de son vieil ami, il renouvelait plus fréquemment ses visites ; car il l'aimait comme son propre fils, et il était bien payé de retour, car Louis l'aimait et le vénérait comme un père. Oh ! combien de fois les derniers rayons du soleil couchant les surprenaient dans de délicieux entretiens ! L'excellent prieur oubliait qu'il avait plus de trois kilomètres à parcourir à travers des sentiers pierreux pour regagner le presbytère, et que sa vieille bonne, impatiente, le gronderait doucement en lui reprochant son imprudence. Mais l'horizon commençait à se rembrunir, et des jours de trouble et d'angoisses devaient bientôt succéder aux jours de paix, de calme et de bonheur.

IX

MASSACRE DES CAPUCINS A NIMES. — L'ABBÉ DORTE RECOMMANDE LA MODÉRATION A SES PAROISSIENS

De retour de Bordeaux, où il avait prêché avec le plus grand succès la station quadragésimale en 1789, le modeste curé de Lédenon avait repris le cours ordinaire de ses occupations pastorales Malgré les témoignages d'amour et d'estime qu'il continuait à recevoir de ses ouailles, toujours fidèles à remplir leurs devoirs religieux malgré je ne sais quel souffle d'impiété répandu partout, on le voyait souvent se promener rêveur et solitaire dans son riant jardin, essuyant furtivement les larmes qui tombaient de ses yeux avec abondance. Son esprit était assailli par des pensées sinistres ; il prévoyait les calamités sans nombre qui allaient fondre sur la France et l'Église, ce qui l'attristait profondément.

L'Assemblée Nationale s'était réunie à Paris au mois de mai de la même année. Non contente d'attaquer et d'usurper les droits de la couronne, elle osait porter une main sacrilège et spoliatrice sur l'arche sainte. Elle déclara (2 novembre 1789) que les biens ecclésiastiques appartenaient à la nation. Les ordres religieux furent supprimés (13 février 1790). Dans la capitale et dans les provinces, les prêtres étaient insultés. L'impiété levait partout hardiment la tête : à Nîmes eurent lieu des rixes sanglantes. Des dragons calvinistes firent marcher leurs chevaux sur le peuple qui sortait de vêpres (20 avril 1790). Mais ce n'était là que le triste prélude des scènes horribles qui allaient ensanglanter le paisible couvent des Capucins de cette ville. Au mois de juin de la même année, des brigands enfoncent la porte du monastère à coups de hache ; les religieux qui chantaient vêpres se réfugient pour la plupart au clocher. Parmi ces derniers, était le novice Berton, âgé de dix-huit ans, qui échappa à la rage des persécuteurs, fut plus tard ordonné prêtre, devint curé d'Aimargues et mourut chanoine de la cathédrale de Nîmes. C'est de sa propre bouche que nous avons recueilli ces détails.

Le R. P. Benoît, de Beaucaire, âgé de soixante ans, est arrêté par un scélérat auquel il demande quelques instants pour se recommander à Dieu. Le barbare sort sa montre, lui accorde cinq minutes, et quand le terme fatal est expiré, il lui tire un coup de fusil et lui plonge sa baïonnette dans le sein. Le P. Benoît vient mourir à la porte de l'église par laquelle on entre dans le monastère. Les dalles sacrées ont longtemps gardé l'empreinte du sang du martyr, que nous avons vue de nos propres yeux. Nous ignorons si, dans la construction du nouveau temple, sur ce même emplacement, on a conservé ces précieuses reliques. Le P. Siméon, de Sanilhac, le P. Séraphin, de Nîmes, sont massacrés à coups de fouches et de baïonnettes, le premier dans sa chambre, le second dans le dortoir. Le Frère Célestin, de Nîmes, et le Frère Fidèle, d'Annecy, succombent également sous le fer. Ce dernier, âgé de quatre-vingt-deux ans, sourd, aveugle et retenu dans son lit par une attaque de paralysie, y est cruellement haché à coups de sabre, et les tigres, altérés de sang, veulent encore brûler ses membres palpitants, et mettent le feu à la paille sur laquelle il est étendu. Deux jeunes clercs sont tués, l'un à l'entrée du chœur, l'autre à la porte de la sacristie ; deux domestiques le sont également dans le jardin. Plusieurs catholiques, citoyens paisibles de la ville de Nîmes, périssent aussi frappés par cette horde d'assassins.

Quand l'affreuse nouvelle de ces massacres fut connue, une généreuse indignation s'empara de tous les esprits honnêtes et chrétiens. Les villes, les bourgs et les villages, à 7 ou 8 lieues à la ronde, se levèrent en masse et volèrent au secours de leurs frères opprimés. Les habitants de Lédenon, en apprenant ces désastres, accourent au presbytère et font connaître au vertueux prieur leur projet de se joindre aux défenseurs du droit et de la justice et d'aller sauver ceux qui sont encore menacés par le fanatisme et l'impiété révolutionnaire. — Mes chers enfants, leur dit le saint prêtre, allez arracher à la mort vos frères dans la foi, mais prenez garde de vous laisser emporter par la haine et la vengeance ; la vengeance est indigne d'un cœur noble et chrétien. N'usez point de représailles et ne répandez pas le sang. Souvenez-vous que vous êtes les disciples du divin Crucifié, qui nous ordonne même d'aimer nos ennemis, et qui, sur la croix, au milieu des plus cruels supplices, laissa tomber de ses lèvres mourantes des paroles de pardon pour ses bourreaux. La charité, fille du ciel, est la vertu par excellence que nous prêche l'Évangile.

A peine a-t-il prononcé ces mots, dignes d'un véritable ministre de Jésus-Christ, que tous ces hommes quittent le presbytère et vont joindre l'armée improvisée, se dirigeant sur Nîmes à marches forcées. Les assassins, effrayés et redoutant le juste châtiment que méritaient leurs forfaits, s'empressent de gagner à prix d'argent un renégat, un traître, qui court à la rencontre du formidable rassemblement. Le perfide messager s'avance, agitant une branche d'olivier, rassure les chefs, leur affirme que les troubles sont apaisés, que la tranquillité et l'ordre règnent dans Nîmes. Les trop confiants catholiques retournent dans leurs foyers, et de nouvelles victimes sont lâchement immolées.

Cependant, le charitable pasteur de Lédenon était prosterné au pied des autels ; il recommandait à la bonté divine ces hommes courageux qui couraient à la défense de l'innocence opprimée. Il demandait pour lui-même au Dieu caché dans nos tabernacles, l'énergie et le courage dont il prévoyait qu'il aurait besoin dans les jours d'épreuves qui allaient se lever. C'est cet amour ardent pour l'Eucharistie, comme il nous l'apprend lui-même, qui devait être une source intarissable de consolation dans ses peines, sa force dans les combats, et comme un bouclier impénétrable aux traits les plus acérés de ses plus cruels ennemis.

X

CONSTITUTION CIVILE DU CLERGÉ
REFUS DE SERMENT (1)

1790. Jésus-Christ, en ordonnant de rendre à César ce qui est à César et à Dieu ce qui est à Dieu (2), avait fixé les limites dans lesquelles doivent se renfermer, chacune dans son domaine respectif, la puissance civile et la puissance spirituelle. L'Assemblée Constituante renversa ces limites, usurpa les droits de l'Eglise en s'attribuant le pouvoir de supprimer et de créer des évêchés, d'établir les circonscriptions des paroisses, en faisant élire les curés par les paroissiens, en faisant accorder les dispenses d'empêchements pour les mariages sans avoir recours au Saint-Siège, en enlevant au pape le droit d'institution canonique pour le donner aux évêques. La constitution civile du clergé, qui établissait cette nouvelle hiérarchie contraire à l'ancienne discipline, observée jusqu'alors, décapitait l'Eglise ca-

(1) Serment exigé des prêtres : « Je jure de veiller avec soin sur la paroisse qui m'est confiée, d'être fidèle à la nation, à la loi, au roi, et de maintenir de tout mon pouvoir la constitution décrétée par l'Assemblée Nationale et approuvée par le roi. » (*Pièces et documents officiels pour servir à l'histoire de la Terreur à Nîmes*, etc., p. 88).

(2) *Matthieu*, XXII, 21.

tholique de la France en la séparant de son chef et y introduisait le schisme. Aussi le souverain pontife Pie VI, après avoir consulté les cardinaux, déclara, dans son bref adressé au clergé et aux fidèles, les élections des nouveaux évêques illégitimes, sacrilèges et contraires aux canons.

L'Assemblée Nationale, persévérant dans son impiété, exigea des prêtres le serment de maintenir la constitution civile du clergé, faute capitale, même au point de vue politique, qui devint la cause des troubles et des malheurs qui ensanglantèrent la France.

L'intrépide prieur de Lédenon, avec la grande majorité des prêtres fidèles à leurs devoirs, refusa de prêter le serment demandé, convaincu, comme le Prince des Apôtres, « qu'il vaut mieux obéir à Dieu qu'aux hommes (1). » On vit alors des prêtres assermentés et des prêtres réfractaires. Tous les vrais catholiques, sincèrement amis de la religion et de leurs croyances, s'attachèrent à ces derniers, et les prêtres jureurs ou constitutionnels, protégés par l'autorité, ne furent suivis que par les hommes pusillanimes ou indifférents en matière de religion, ou par ceux dont l'incrédulité ne regardait l'Eglise catholique que comme une institution politique, propre à retenir les peuples dans leurs devoirs. Tous les vrais croyants désertaient les temples profanés par d'indignes pasteurs et couraient dans les villages ou même dans les lieux écartés, entendre la messe d'un apôtre fidèle. Les instrus, les prêtres constitutionnels entendaient souvent retentir à

(1) *Act.*, V, 29.

leurs oreilles les cris insultants de *ka-ka-ra-ka*, allusion au reniement de Pierre, dont ils étaient les lâches imitateurs.

L'abbé Dorte, voyant la guerre ouvertement déclarée à l'Eglise, s'empressa de prémunir ses ouailles, dans ses entretiens et dans ses discours, contre le danger que courait leur foi, et il eut le bonheur de voir ses efforts couronnés d'un plein succès. « Chose digne de remarque et qu'on n'oubliera jamais à Lédenon, parce qu'on se le transmettra de génération en génération : pas une seule défection ne vint attrister son cœur de prêtre (1). » Toutes les brebis du bon pasteur restèrent sous sa houlette et dans le bercail de l'Eglise catholique, malgré les menaces et les mauvais traitements que leur firent subir les partisans fanatiques du nouveau régime, et cet admirable exemple fut suivi par un grand nombre de paroisses voisines.

La foi de l'abbé Dorte fut mise à une rude épreuve; mais il se rappela ces paroles que saint Paul écrivait à son disciple Timothée : « Garde le dépòt divin que je t'ai confié (2). » Ce précieux trésor, rien ne put le lui arracher, ni les insultes, ni les avanies, ni les menaces de mort ; il l'emporta avec lui dans la tombe.

Il avait à Bordeaux de nombreux et puissants amis qui savaient apprécier ses vertus et ses rares talents ; quelques-uns s'empressèrent de se rendre à Lédenon pour l'engager à prêter le serment schismatique à la constitution civile du clergé ; un d'entre eux, qui avait

(1) *Manuscrit* Jury-Joly.
(2) *Timoth.* II, I, 14.

une haute position dans la magistrature, lui suggéra des palliatifs. — Nous vous aurons pour archevêque, lui disait-il, et, revêtu de cette éminente dignité, il vous sera facile d'opérer un plus grand bien. — Je ne le puis, fut la réponse constante de l'intrépide pasteur. Et comme on lui opposait la soumission de l'évêque d'Autun et de quelques prêtres distingués qui jouissaient de l'estime générale : — Je les blâme, dit-il, le serment est incompatible avec la doctrine catholique. Que m'importe la conduite des autres ? Non, non, je ne prêterai jamais un serment qui répugne à ma conscience : *etiamsi omnes, ego non*. Rien ne put ébranler la fermeté apostolique du digne ministre de Jésus-Christ.

La plupart des membres du district d'Uzès connaissaient également le mérite personnel de l'abbé Dorte et son influence sur un grand nombre de ses confrères. Voyant que le délai fixé par le décret porté contre les prêtres insermentés était sur le point d'expirer, et sachant qu'il ne voulait point s'éloigner de son troupeau, ni se soumettre aux exigences de la loi, le district députa à son tour deux hommes notables et intelligents pour tenter un dernier effort, afin d'ébranler la constance de l'inflexible curé. — Vous savez, lui dirent-ils, que les administrateurs d'Uzès ont pour vous une grande estime et une profonde vénération. Nous venons en leur nom, dans ces circonstances critiques et difficiles, vous offrir leurs services et vous faciliter les moyens de rester fidèle à la religion sans enfreindre ouvertement la loi. Consentez à être porté sur la liste de ceux qui ont déjà fait ou qui feront le serment demandé, et non seulement nous vous promettons, au nom du district, sûreté et protection ; mais encore un rapide avancement. La lumière ne doit pas rester sous le boisseau. Un homme comme vous, doué des plus brillantes qualités, ne doit pas passer sa vie dans un obscur presbytère, mais bien plutôt dans un palais épiscopal ; et si vous acquiescez, comme l'espère le district d'Uzès, à la demande que nous vous faisons, nous verrons se réaliser le plus cher de nos vœux, et votre mérite dignement récompensé. — Le modeste curé, véritable type de l'homme poli et de bon ton, répondit avec courtoisie aux propositions insidieuses des émissaires du district ; mais il leur fit comprendre, nouvel Eléazar, qu'il n'était point de la dignité d'un homme qui se respecte et surtout d'un prêtre d'avoir recours à la feinte et à la ruse. — Dites aux citoyens d'Uzès, répondit-il avec noblesse, que je tiens plus à ma conscience qu'à tous les honneurs du monde ; que je n'agis jamais sans la consulter, et que, quand elle m'a parlé, j'écoute sa voix, fallût-il me résigner aux plus grands sacrifices, même à celui de la vie, parce que l'honnête homme et surtout le prêtre ne peut transiger avec elle. Or, ma conscience repousse le serment que l'on me demande.

Chose singulière ! Les partisans impies du nouveau gouvernement, qui croyaient à peine en Dieu, ne parlaient que de serments, c'est-à-dire d'un des actes religieux les plus graves et les plus solennels. Ils exigeaient le serment de fidélité à la constitution civile du clergé, le serment civique, le serment de haine à la royauté, etc., etc. Le premier était demandé de la manière la plus solennelle ; c'était dans l'église, en présence des fidèles assemblés pour assister au saint Sacrifice de la messe, que les maires, ceints de leurs écharpes, entourés des conseillers municipaux, interpellaient les prêtres et les sommaient, au nom de la loi, de répondre à leur réquisition, et les réponses de ces derniers étaient consignées dans un procès-verbal dressé séance tenante. Nous avons sous les yeux une de ces pièces curieuses tirées des archives de la commune de Sernhac (1).

Nous n'avons pu nous procurer l'acte officiel du refus de serment de l'abbé Dorte, soit que cet acte n'ait jamais existé à cause de la tolérance connue des consuls de Lédenon et de leur bienveillance pour leur

(1) Un décret de l'Assemblée nationale du 27 novembre 1790 exigeait de tous les prêtres la prestation du serment de fidélité à la Constitution civile du clergé. Ce ne fut que vers la fin de janvier 1791 qu'elle eut lieu dans les églises de France. (*Les Évêques de Nîmes au XVIIIe siècle*, page 207). Dans quelques communes, pour divers motifs, cette prestation eu lieu plus tard, comme le prouve le procès-verbal de la commune de Sernhac. que nous trouvons dans ses archives.

Procès-verbal de prestation de serment.

Du dimanche trentième janvier mil sept cent quatre-vingt-douze, dans l'église paroissiale de Sernhac, à l'issue de la messe de paroisse, en présence des fidèles qui ont assisté à ladite messe :

S'est présenté sieur Jean Ribière, maire, assisté du corps municipal et conseil général de la commune, en vertu de la loy du 26 novembre 1790, relative au serment à prêter par les évêques *si* devant, archevêques et autres ecclésiastiques fonctionnaires publics, sur quoy nous dit maire, en vertu du pouvoir à nous donné par l'Assemblée nationale, avons interpellé le sieur Jean-Étienne Charavin, curé de ladite municipalité et luy avons

curé, soit qu'il ait disparu des archives communales que nous avons inutilement consultées. Mais des renseignements pris à bonne source (2), les documents que nous avons sous la main et la conduite héroïque du confesseur de la foi dans les plus mauvais jours de la Révolution, ne permettent pas d'avoir le moindre doute à ce sujet (2).

exibé la loy qui l'oblige à faire le serment porté par la même loy ;

Lequel a répondu n'en vouloir faire aucun serment, que sa conscience le lui répugnait.

Et de suite, sans nous divertir à autres actes, avons de même interpellé le R. P. Réminicot, vicaire de la paroisse, et lui avons exibé ladite loy qui l'oblige à faire le serment porté par la loy du 26 novembre dernier (1), lequel a répondu de même, qu'il n'en fesait aucun, et qu'il croirait sa conscience blessée, de tout quoy leur avons donné acte de leur dire, et avons de suitte dressé notre procès-verbal, et nous sommes signés :

Ribière, maire ; Roustant, officier municipal ; Payant, offi municipal ; Montel, offi. mun. ; Carreton, offi. mun ; Achard, procureur de la commune ; Maillean, Blanchon, Roustant, Robert.

Faure, secrétaire greffier.

Collationné :

Faure, secrétaire greffier.

(2) Dorte Louis, curé de Lédenon, est porté sur la liste officielle des prêtres qui ont refusé de prêter serment à la Constitution civile du clergé. (*Archives de la préfecture*, série L).

Nous trouvons encore son nom sur la liste des émigrés.

9 ventôse an II de la République, 27 février 1794. (Ibid.)

M. Dorte n'a jamais quitté la France.

(1) N'y aurait-il pas ici erreur de date, et au lieu de 1792, ne faudrait-il pas 1791 ? Ce mot *dernier* le fait supposer.

XI

LA CONSTANCE DE L'ABBÉ DORTE SUBIT UNE NOUVELLE ÉPREUVE. — OBJETS PRÉCIEUX MIS EN SURETÉ

Un décret de l'Assemblée nationale du 8 février 1791 accordait une pension de 300 francs aux curés dits réfractaires, à compter du jour de leur remplacement. Cette pension ne fut jamais payée. La présence des dignes ministres de Jésus-Christ, qui n'écoutaient que la voie de leur conscience et refusaient de prendre part au schisme, ne faisait qu'irriter les chrétiens pusillanimes et les impies qui se révoltaient contre l'Église. Des scènes de désordre se renouvelaient tous les jours, et les prêtres fidèles étaient en butte aux traitements les plus indignes.

Grâce à la surveillance active de la population si chrétienne et si dévouée de Lédenon, l'abbé Dorte échappa à tous les dangers ; et, malgré les menées et les menaces des révolutionnaires, il put, en usant de certaines précautions, sinon librement, du moins avec une certaine sécurité, accomplir les devoirs sacrés de sa charge pastorale. La constance du pasteur intrépide qui avait résisté aux perfides insinuations des partisans du nouveau régime, allait être soumise à une autre épreuve d'autant plus terrible et propre à ébranler sa fermeté qu'elle avait pour mobile non la haine farouche, mais l'amitié la plus sincère. Plusieurs de ses confrères curent devoir suivre le conseil du divin Maître, qui dit aux Apôtres dans l'Évangile : Si l'on vous persécute, fuyez de ville en ville, *de civitate in civitatem* (1). Ils étaient résolus à quitter la France où leur vie était menacée, d'ailleurs, persuadés que bientôt des jours calmes et sereins succèderaient à la tempête déchaînée contre l'Église. Ils croyaient que la prudence leur faisait un devoir d'aller chercher un asile momentané sur la terre étrangère, espérant pouvoir bientôt retourner dans leur patrie bien-aimée. Ils vinrent exhorter le curé de Lédenon à suivre leur exemple.

L'abbé Joannis, qui avait une estime toute particulière pour l'abbé Dorte, dont il avait pu apprécier les vertus et les talents, quand ce dernier était vicaire à Marguerittes, se joignit à eux et le supplia instamment de céder à l'orage et de ne pas s'exposer à perdre une vie qui pouvait plus tard être consacrée à sauver le reste du troupeau échappé à la fureur des méchants. — « Que deviendront ces chères âmes qui m'ont été confiées, lui dit-il, si je les abandonne dans le danger ? Que deviendront les pauvres brebis, si le pasteur prend la fuite, au moment où il entend les hurlements des loups prêts à les dévorer ?

« Les ténèbres déjà si grandes n'en deviendront que plus épaisses, si tous ceux qui ont reçu la mission sacrée de les dissiper disparaissent : nous sommes la lumière du monde, *vos estis lux mundi* (2). Je connais votre projet et celui de nos vénérés confrères ; je suis loin de le blâmer ; j'aime à croire qu'une crainte pu-

(1) Matth., XXIII, 34.
(2) Matth. V, 14.

sillanime n'en est point le mobile, et que vous avez réfléchi sérieusement devant Dieu sur la grave résolution que vous avez prise. Quant à moi, plus je rentre en moi-même, plus je consulte Dieu dans la prière et au saint Sacrifice que j'ai le bonheur de célébrer tous les jours dans mon église de Lédenon, et plus j'éprouve de répugnance à abandonner ce troupeau chéri confié à ma houlette. Je ne puis m'y décider. Il est vrai peut-être que je suis peu prudent, mais que vous dirai-je ? C'est ma pensée intime et ma conviction profonde. Les dangers qui m'attendent et dont vous me parlez ne m'effraient point. *Beati qui persecutionem patiuntur propter justitiam* (1). « Bienheureux ceux qui souffrent persécution pour la justice. » Je ne mérite pas de mourir pour une si belle cause, et s'il devait en être ainsi, le jour de mon sacrifice serait le plus beau de mes jours ! Il me semble que je puis vous le dire, mon bien-aimé confrère, mon vénérable ami : *Mihi vivere Christus est et mori lucrum* (2). « Je ne vis que pour le Christ, et la mort est pour moi un gain. » Allez, partez, imitant le divin Sauveur, fuyant devant le glaive ensanglanté des satellites d'Hérode, et que votre ange tutélaire vous accompagne et vous guide jusques sur la terre d'exil ; mes vœux vous suivront vers la Ville Eternelle.

« Quand vous serez prosterné aux pieds du souverain Pontife, notre saint Père, suppliez-le de bénir aussi ceux des prêtres français qui, toujours fidèles à la foi catholique, combattent sur le sol de leur barbare patrie

(1) Matth. V, 10.
(2) Philippens. I, 21.

les combats du Seigneur au milieu des tribulations et des plus cruelles épreuves.

« Quand vous irez vous agenouiller sur les tombeaux des saints Apôtres, Pierre et Paul, que vous baiserez leurs chaînes, n'oubliez pas votre ami, qui sera peut-être alors dans les fers, ou aura donné sa vie pour Jésus-Christ. De mon côté je m'engage, tant que je serai libre, à visiter votre paroisse, à baptiser vos enfants et à préparer vos malades à la bienheureuse éternité. La paroisse de Marguerittes m'est précieuse à tant de titres ; elle a reçu les prémices de mon apostolat, et ce sera, je l'espère, l'une de celles où je paraîtrai le plus fréquemment, puisque vous me le permettez. Adieu, ô mon vénérable ami, adieu en Jésus-Christ et en sa Mère immaculée ! »

Les dignes prêtres s'embrassèrent ; des larmes abondantes coulèrent de leurs yeux. L'abbé Joannis retourna à Marguerittes, et comme le délai fixé pour la prestation du serment allait bientôt expirer, il s'achemina vers Aigues-Mortes, où peu de temps après il s'embarqua avec un grand nombre de ses confrères sur une tartane qui cingla vers l'Italie (1). Il y avait à peine

(1) Nous avons la liste des prêtres fidèles à leurs devoirs, qui s'embarquèrent à Aigues-Mortes, préférant l'exil à l'apostasie, elle en contient 530 ; presque tous appartenaient aux diocèses de Nîmes et d'Avignon. Le 18 septembre 1792, la tartane *Sainte-Jeanne*, capitaine Pesquey, de Grossan, mit à la voile. C'est celle qui fut pillée par les pirates. L'autre tartane, *Saint-Théotiste*, capitaine Pierre Perbon, d'Agde, quitta le port d'Aigues-Mortes le 27 septembre de la même année. (*Notes de voyage de l'abbé Rafin*, curé de Saint-Maximin. — Bibliothèque de M. l'abbé Goiffon).

quelques heures que les confesseurs de la foi, partant pour l'exil, étaient en pleine mer, lorsque des brigands s'emparèrent du navire, vomissant des menaces de mort et des imprécations. Tous crurent toucher à leur dernier moment, et chacun se prépara à mourir en recevant l'absolution de son voisin. Plus courageux que les autres, le prieur de Cornilhon, l'abbé Menjaud, d'Aramon, adressa la parole aux pirates et chercha à les calmer. Ceux-ci consentirent à leur laisser la vie, à condition qu'on leur livrerait l'argent. Les émigrés furent tous minutieusement fouillés par deux fois ; on emporta leurs malles et leurs effets, et ils arrivèrent à moitié nus à Nice, le 21 septembre. L'évêque leur procura des habits et leur donna l'hospitalité (2).

L'abbé Dorte resta dans le presbytère, en proie à l'affliction la plus profonde. Mais la foi réveillant son courage, après un légitime tribut payé à la nature et à l'amitié, prévoyant ce qui devait arriver, il s'occupa des moyens que lui suggéra la prudence pour arracher à l'avidité et au vandalisme des spoliateurs les vases sacrés et les ornements d'église, et ce qu'il avait de plus précieux et de plus cher : ses manuscrits et sa bibliothèque. Il choisit trois hommes dévoués : Balazard, Antoine Vier et Pierre Maillan, et fit part à ces trois courageux paroissiens de son projet. Avec leur aide il mit en sûreté une partie du mobilier de l'église et du presbytère. La bibliothèque du curé de Léde-

(2) *Ibid. ut supra.* (Voir encore la *notice sur M. Imbard*, supérieur des missionnaires de Sainte-Garde, p. 18).

non se composait d'un très grand nombre de volumes, tous de choix, et de haute science et de grand prix. Où les cacher pour les soustraire aux flammes ? Les trois hommes de confiance se concertent entre eux et conviennent de les renfermer avec soin dans des tonneaux, pour être ainsi confiés à la terre dans un coin du jardin du presbytère. On propose à M. Dorte cet arrangement ; il semblait ne pas l'approuver, et il y fut même très sensible, jusqu'à répandre involontairement quelques larmes ; mais il fallait se décider, et il était temps de penser à sa sûreté personnelle ; il ne voulait pas d'ailleurs contrarier des hommes d'aussi bonne volonté. De larges et profondes ouvertures sont pratiquées aussitôt dans un coin du jardin, et le bon curé qui se promettait de venir souvent visiter et protéger par des soins particuliers cet endroit où allaient reposer ce qu'il préférait à tout le reste, présida lui-même à la descente dans cette énorme fosse des quatre immenses tonneaux où avaient été enfermés tous ses livres, tous ses manuscrits, à l'exception des quatre volumes de son bréviaire et de quelques livres de piété.

XII

ÉLECTION DE L'ÉVÊQUE CONSTITUTIONNEL DE NIMES. — PROTESTATION DE MONSEIGNEUR DE BALORE. — INTRÉPIDITÉ DE L'ABBÉ DORTE.

1791. L'Assemblée Nationale, contrairement à l'ancienne discipline et au mépris des canons, s'était arrogé le pouvoir d'élire et instituer les évêques sans l'intervention du Saint-Siège. Le schisme existait donc de fait dans l'église de France. Dumouchel, recteur de l'Université de Paris, fut nommé évêque de Nîmes par le gouvernement, quoique Mgr Cortois de Balore (1), titulaire de ce siège, fût encore vivant et qu'il fût toujours aux yeux des vrais catholiques le pasteur légitime du diocèse de Nîmes. L'évêque constitutionnel et schismatique, élu par la grâce de la Révolution, ne tarda pas à prendre possession de son siège. Il arriva à Nîmes le 16 mai 1791. Trente-cinq prêtres du département formaient son cortège. Il se rendit à l'église Saint-Charles, d'où il fut conduit à la cathédrale, où il prêta serment, après un discours brûlant de civisme, dit un auteur contemporain, plus digne de la tribune d'un club que de la chaire chrétienne. Il fut hué par les catholiques. La soirée fut terminée par un bal à

(1) Balore ; armes de la famille : D'azur à la croix engrêlée d'or. (*Dict. hérald.*, édit. Migne).

l'évêché, précédé d'un souper. Des dames non catholiques se rendirent en foule à la fête, qui devint une cohue, une véritable orgie. Au refrain du *Ça ira*, le nouvel évêque, une bouteille de champagne à la main, parcourait la salle, versait à boire et choquait le verre avec tout le monde.

Le bruit de ces scènes révoltantes et sacrilèges arriva jusqu'à Lédenon ; le digne pasteur en fut profondément affligé, sans sentir néanmoins son courage s'abattre ; et plus les ennemis de l'Eglise semblaient triompher, plus son zèle pour la conservation de la foi s'enflammait, gémissant devant Dieu et lui demandant avec ferveur qu'il l'assistât de sa grâce, afin qu'il pût combattre avec intrépidité pour la défense de sa cause.

Mgr de Balore, alarmé des périls que courait le troupeau confié à sa sollicitude, s'empressa de protester par un mandement plein de foi, de force et d'éloquence, qui nous rappelle le langage énergique des évêques dans les siècles de persécution contre l'usurpation sacrilège du pouvoir civil. Après avoir prouvé par l'Ecriture, la tradition et les sacrés canons des conciles, que l'élection du nouveau prélat était entachée d'irrégularité et par conséquent nulle, il exhorte vivement les fidèles et le clergé à rester unis au légitime pasteur et à n'avoir aucune communication avec l'intrus. Les circonstances étaient difficiles, et il fallait être animé d'une foi bien vive et d'un grand courage pour braver un pouvoir ombrageux et tyrannique, qui menaçait de la prison ou de l'exil ceux qui refusaient d'obéir à ses lois iniques, et ne compter pour rien les menaces, les outrages et les mauvais traitements d'une foule ignorante, égarée par les nouvelles doctrines.

M. Dorte reçut le mandement de Mgr de Balore, et malgré les périls auxquels il s'exposait, n'écoutant que le cri de sa conscience et comptant sur le dévouement de ses bons paroissiens, il monta hardiment en chaire et le lut publiquement un dimanche, à la messe du prône. Il le fit précéder d'une chaleureuse allocution dans laquelle il s'efforçait de prémunir son troupeau contre les suites funestes du schisme, qui divisait l'Eglise de France. On nous saura gré sans doute de relater ici quelques passages de cette remarquable lettre pastorale qui, en nous montrant la foi inaltérable du Pontife, nous révèle en même temps et son zèle et son courage.....

« ..... Destitué de tout, s'écrie l'intrépide prélat, à l'exception de la croix de Jésus-Christ, nous n'embrassons qu'avec plus d'ardeur cette croix adorable, en protestant avec une ferme confiance en la miséricorde de Celui qui est mort sur elle, que jamais « *ni les tribulations, ni la détresse, ni la faim, ni la nudité, ni le péril, ni la persécution, ni le glaive, ne nous sépareront de la charité de Jésus-Christ et que nous surmonterons tout, à cause de Celui qui nous a aimés jusqu'à donner son sang pour nous* (1). En aimant Jésus-Christ nous aimons tous les hommes, nous aimerons nos ennemis pour l'amour de lui, nous aimerons ceux qui nous outragent, et si nous ne pouvons faire du bien à tous, nous désirons au moins que tous soient heureux.....

(1) *Rom.*, VIII, 35 ; *Apoc.*, I, 5.

« O vous qui, égarés par l'erreur d'un moment, avez cru peut-être faire une œuvre agréable à Dieu en introduisant une usurpation dans le sanctuaire par une complaisance aveugle pour la volonté des hommes, à Dieu ne plaise que nous oubliions jamais à votre égard la charité que nous vous devons ! Quoique vous nous traitiez en ennemi, nous vous regardons toujours comme nos enfants, et c'est précisément parce que nous vous aimons comme nos enfants que, pour vous préserver du naufrage du schisme, qui opérerait votre perte éternelle, nous avons refusé d'autoriser par notre approbation les principes hétérodoxes d'une religion nouvelle, qui n'était plus la nôtre, ni celle de l'Eglise catholique.. .. Avez-vous bien réfléchi sur les suites lamentables du schisme que votre élection allait ouvrir ? Avez-vous bien réfléchi sur la perte de tant d'âmes à qui vous auriez soustrait les moyens de salut, ou que vous auriez précipitées avec vous dans l'abîme en leur enlevant le pasteur véritable ? Ah ! que répondrez-vous un jour aux cris de leur indignation et de leur désespoir, lorsqu'elles demanderont vengeance au tribunal du Souverain Juge ? lorsque, au milieu des éclairs et des tonnerres, suspendus vous-mêmes au-dessus des gouffres profonds de l'éternité, vous entendrez Jésus-Christ assis sur son trône de justice, investi de sa gloire, vous reprocher d'avoir livré à la mort tant de malheureux qu'il avait rachetés de son propre sang ?... lorsqu'il vous demandera de quel droit, placés au rang de simples brebis, il vous était permis d'instituer vos pasteurs et de leur communiquer l'exercice de la puissance apostolique ? de quel droit il vous était permis d'enlever à vos anciens pasteurs les clefs du ciel qu'il leur avait données par le ministère de son Eglise ? Ecoutez du moins, M. T. C. F., en ce moment, écoutez la voix du pasteur véritable qui, rejeté de vous, ne cessera jamais d'avoir pour vous des entrailles de père. Ecoutez la voix de sa douleur qui vous accompagnera jusqu'au tombeau pour vous rappeler au bercail et pour invoquer la miséricorde divine sur vous. Hâtez-vous d'obtenir votre pardon par vos larmes...

« A ces causes, le saint nom de Dieu invoqué, nous déclarons que, n'ayant pas été destitué de l'épiscopat par les décrets de l'Assemblée Nationale, qui n'a aucune puissance dans l'ordre de la religion, nous demeurons seul investi de l'autorité épiscopale, dont nous avons été revêtu par le souverain Pontife.

« Nous déclarons que l'élection qui a été faite de M. Dumouchel est irrégulière, en ce qu'elle a été faite par des électeurs auxquels l'Eglise n'avait donné aucun droit ; qu'elle est schismatique, en ce qu'elle a été faite pour nous donner un successeur, notre siège n'étant pas vacant.....

« Nous défendons à tous les fidèles de l'un et de l'autre sexe, de communiquer aucunement, en tout ce qui a rapport aux fonctions ecclésiastiques, avec l'évêque intrus ou les prêtres qui seront manifestement connus de sa communion.

« Et sera notre présent mandement publié dans notre diocèse, partout où besoin sera et de la manière que la prudence le permettra à nos fidèles coopérateurs.

« Donné à Paris, le 15 mars 1791.

« *Signé* † M. M., évêque de Nîmes (1). »

(1) Pierre-Marie-Magdelaine Cortois de Balore, évêque de Nîmes, donna volontairement sa démission de son siège en 1802, peu après le concordat entre Pie VII et le consul Buonaparte, qui régla les rapports de l'Etat avec l'Eglise catholique et de la France avec le Saint-Siège. (*Les Évêques de Nîmes au XVIII*e *siècle*.)

XIII

Y A-T-IL EU UN CURÉ CONSTITUTIONNEL OFFICIELLEMENT NOMMÉ A LÉDENON ?

M. Jury-Joly, dans son manuscrit, affirme qu'un prêtre intrus, dont il ne donne pas le nom, s'empara du titre ecclésiastique de M. Dorte, de son presbytère, de son église. Ce misérable intrus aurait occupé le poste pendant plus de trois ans, quoiqu'il ne lui fût jamais présenté un enfant à baptiser, un malade à confesser et à administrer, pas même un mort à inhumer. Il ne trouvait pas un enfant pour l'aider à célébrer les saints mystères, pas un fidèle pour assister au saint sacrifice, malgré les menaces et les mauvais traitements employés par la force brutale. Cet apostat, homme sans Dieu et sans conscience, passait sa vie à la chasse et à la pêche, et c'est alors qu'elle était moins exécrable. — M. Jury-Joly n'est-il pas dans l'erreur ? et y a-t-il eu réellement un curé schismatique à Lédenon ? Nous ne le pensons pas.

D'abord, dans la nouvelle circonscription du diocèse de Nîmes, gouverné par l'évêque constitutionnel Dumouchel, Lédenon n'était qu'une annexe ou vicairie de Sernhac, qui avait alors pour curé l'abbé Chirouze. Les prêtres schismatiques dans le Gard n'étaient pas très nombreux ; nous savons que plusieurs prêtres fidèles restèrent cachés et n'abandonnèrent pas leurs troupeaux ou se réfugièrent momentanément dans les bois pour échapper à la fureur de la persécution. La liste de ceux qui partirent volontairement pour l'exil ou furent emprisonnés ou déportés est assez longue. Il n'est donc pas probable que le nouvel évêque pût trouver assez de sujets pour desservir toutes les cures, à plus forte raison les vicairies. Ensuite, M. Jury-Joly, qui nous apprend que le curé intrus de Lédenon resta plus de trois ans dans cette localité, semble nous donner raison, lorsqu'il raconte l'invasion du presbytère de Lédenon par les bandits révolutionnaires vers la fin de novembre 1793, et qu'il nous dit que l'abbé Dorte était dans son presbytère. Le curé constitutionnel n'y était donc pas, et il ne s'était pas écoulé plus de trois ans depuis la prétendue installation jusqu'à cette époque, puisque ce ne fut que vers la fin de janvier 1791 qu'eut lieu dans les églises de France la prestation de serment à la Constitution civile du clergé exigé de tous les prêtres sans distinction par l'Assemblé Nationale (1).

Nous croyons donc qu'il n'y eut jamais de curé constitutionnel titulaire à Lédenon, et que cette annexe ou vicairie de Sernhac a pu être visitée de temps à autre par quelque apostat à titre d'auxiliaire, qui offrait à ses habitants le secours de son ministère sacrilège.

Voici quelques extraits de deux lettres du curé constitutionnel de Sernhac, qui prouvent qu'en 1792 il n'y avait point de curé intrus à Lédenon :

(1) L'abbé Goiffon, *Les Évêques de Nîmes au XVIIIe siècle*, p. 207.

Sernhac, 19 mars 1792.

.... « Les prêtres qui sont ici les instigateurs de ces menaces sont ceux de St-Bonnet et de Lédenon. Ce dernier administre les derniers sacrements indifférement à tous ceux qui se présentent, et depuis le commencement du Carême, tous les environs font leurs pâques dans sa paroisse (1). » — Nous sommes heureux de recueillir ce témoignage de la bouche d'un apostat qui confirme celui de M. Jury-Joly.

Sernhac, 19 octobre 1792.

.... « Depuis le départ des curés de St-Bonnet et de Lédenon, je suis appelé dans les deux paroisses pour les sacrements (2). »

CHIROUZE, curé constitutionnel.

Le curé constitutionnel de Sernhac a pu être appelé dans la paroisse de St-Bonnet, mais très certainement les paroissiens de Lédenon n'ont pas réclamé le secours de son ministère. Quoi qu'il en soit, ce qu'il affirme prouve notre thèse. On croyait à tort que M. Dorte était parti pour l'exil ; son nom figure sur la liste des émigrés (3), mais il n'a jamais quitté la France.

Nous avons voulu éclaircir le doute qui aurait pu se glisser encore dans notre esprit, et nous étant transporté à Lédenon, nous avons interrogé une femme de 86 ans, qui avait conservé, quoique alors très jeune, le souvenir des tristes scènes de cette lamentable époque, pour

(1) *Archives communales* de Sernhac.

(2) *Archives communales* de Sernhac.

(3) *Archives de la préfecture*, série L, 8 ventôse (27 février 1794).

savoir s'il y avait eu réellement un curé schismatique dans cette paroisse.

— Il y avait à Lédenon, nous a-t-elle dit, pendant la Révolution, un prêtre appelé Pagès, surnommé Lassagne, frère de M. Pagès, curé de Cabrières ; ce dernier avait refusé de prêter serment, mais le premier l'avait prêté ; il habitait sa propre maison dans Lédenon, et ce prêtre schismatique a laissé dans cette paroisse de tristes souvenirs.

Il n'était donc pas officiellement curé de Lédenon ; mais sa présence dans ce village, qui était son pays natal, sans garantir tout à fait l'exactitude du récit de M. Jury-Joly, prouve qu'il n'était pas en substance tout à fait dénué de fondement.

Quoi qu'il en soit, le loup s'était glissé dans le bercail, et l'amour du légitime pasteur s'alarmait à la vue du péril que courait son troupeau chéri. L'intrépide abbé Dorte veillait sur ses bons paroissiens, dont la fidélité inébranlable égalait son dévouement pour eux. Dans sa tendre et active sollicitude, rien n'était épargné, entretiens familiers, pieuses exhortations, instructions, discours pathétiques, pour les éclairer et les affermir dans la foi. Aussi Dieu exauça-t-il les désirs de son cœur et bénit-il visiblement son zèle, qui fut couronné du plus éclantant succès. Plus les impies redoublaient d'efforts pour les entraîner dans le schisme, et plus les enfants de saint Cyr et de sainte Julitte, patrons de Lédenon, s'attachaient à leur pasteur légitime, prêts à tous les sacrifices pour l'arracher aux mains des persécuteurs, ambitionnant même, comme les premiers chrétiens, la palme du martyre. Le vaillant soldat de Jésus-Christ, bravant toutes les menaces, déjouant tous les pièges qui lui étaient tendus, resta donc au poste que la Providence lui avait confié, et quand la prudence exigeait qu'il s'en éloignât momentanément, il se réfugiait dans la profondeur des bois, dans les grottes humides des rochers, ou se cachait dans quelque asile sûr que lui avait ménagé la piété filiale.

Il n'avait rien à craindre de ses chers et fidèles paroissiens, mais leur fidélité et son courage invincible redoublaient la fureur de ses ennemis, et souvent des troupes de bandits faisaient des excursions à Lédenon et dans les pays d'alentour pour s'emparer du curé réfractaire.

En effet, comme l'avait prévu l'abbé Dorte, dès leur arrivée à Uzès, les émissaires du district dont nous avons déjà parlé rendirent compte de leur insuccès auprès de notre confesseur de la foi, et à leurs hypocrites paroles de bienveillance succédèrent les plus terribles menaces. Pendant trois ans ils mirent tout en œuvre pour faire du *prêtre modèle,* de celui qu'ils regardaient comme digne de l'épiscopat, leur prisonnier et leur victime. Ils dépêchent cent hommes, armés jusqu'aux dents, pour s'emparer du presbytère de Lédenon et traîner, chargé de fers, ce prêtre ingrat et rebelle aux lois, qui se montre si indigne de leur courtoisie et de leur bonté. Mais ils furent déçus dans leur espérance, et la proie échappa à la vengeance des sicaires.

Dans les forêts de St-Privas (1), contiguës au terri-

(1) Château admirablement situé sur les bords du Gardon. Ménard nous apprend que les Protestants, à l'époque de la Mi-

toire de Lédenon, se réfugiaient non seulement quelques prêtres fidèles, mais encore un grand nombre de nobles et de bourgeois catholiques, sincèrement attachés à la famille des Bourbons, pour échapper aux outrages et aux avanies des soi-disants patriotes : de ce nombre étaient MM. de Barras, de Brunélis, de Barbentane, de Montval, de St-Christol, etc., etc. Aussi, non seulement des bandits, mais quelquefois des bataillons d'infanterie, des escadrons de cavalerie sillonnaient les bois pour capturer quelques dignes ministres de Jésus-Christ ou quelques aristocrates. Mais c'était principalement pour s'emparer de l'insaisissable curé de Lédenon, dont l'audace et le courage à toute épreuve augmentaient leur rage. En lui se vérifiaient ces paroles prophétiques du saint roi David :

« Il (le Seigneur) vous couvrira de son ombre, et vous espérerez sous la protection de ses ailes.

« Sa vérité vous environnera comme d'un bouclier : vous ne serez troublé ni par des fureurs nocturnes,

« Ni par les flèches décochées pendant le jour, ni par les affaires qu'on vous suscitera dans les ténèbres, ni par les assauts des démons du midi.

« Le mal n'approchera point de vous, et les fléaux seront éloignés de votre demeure.

« Car il a ordonné à ses anges de prendre soin de vous, et de vous garder dans toutes vos démarches.

« Ils vous porteront dans leurs mains, pour que vos pieds ne heurtent point contre la pierre (1). »

chelade, démolirent une partie de l'église de Lédenon, et qu'une des cloches fut transportée au château de St-Privas, destinée à sonner le prêche. C'était une des places fortes des Réformés.

(1) Psalm. 70.

XIV

DES ENDROITS OU SE CACHAIT L'ABBÉ DORTE

Les temps devenaient de jour en jour plus mauvais, et la persécution prenant un caractère de violence qui inspirait une véritable terreur, l'abbé Dorte se vit contraint de prendre de sages mesures pour se dérober aux criminelles investigations des bandes révolutionnaires. Il souffrait trop dans son cœur de prêtre pour se décider à quitter son cher troupeau. Un paroissien aisé, chrétien sincère, d'un caractère énergique, s'offrit pour le retirer dans sa propre maison. Il construisit une cachette sûre dans un double mur dissimulé, qu'il était presque impossible de découvrir, et le maire de Lédenon, qui, malgré ses allures républicaines, conservait toujours des sentiments chrétiens, avait le soin d'avertir toujours les personnes qui donnaient asile au curé proscrit, quand les inquisiteurs de la République devaient faire une descente dans le village. Nous raconterons ici un petit épisode que nous tenons de la bouche d'une de nos paroissiennes, petite-fille de Boyer (1).

(1) Anne Cartier, fille de Marie Boyer, fille du vieux Boyer de Lédenon, laquelle avait épousé Barthélemy Cartier, de Domazan, et qui y mourut en 1817. Son autre fille (du vieux Boyer), Louise, avait épousé Louis Bompard, qui habitait le même village de Domazan.

Anne Cartier, était fille de Jeanne-Marie Boyer, de Lédenon, qui avait épousé Barthélemy Cartier, de Domazan. A l'âge de sept à huit ans, elle fut conduite à Lédenon pour voir ses oncles et ses vieux parents. C'était pendant la Révolution. Elle entendait parler de M. Dorte, mais elle ne l'avait jamais vu et témoignait le désir de le connaître, car elle savait qu'il était caché dans la maison de son grand-père. Anne, curieuse comme le sont les enfants de son âge, et surtout les filles d'Ève, voyait souvent sa grand-mère se rendre furtivement dans un endroit caché de la maison et lui demanda ce qu'elle allait faire dans ce réduit. — J'y vais, ma petite Anne, lui dit-elle, donner à manger à une perdrix. — Oh ! fais-la moi voir cette perdrix, grand-mère, je serai bien sage. — Oh ! non, mon enfant, tu la laisserais s'envoler. — Eh bien ! ma chère, si tu me promets de garder le silence, mais un silence absolu, je vais te la montrer. — Oui, je vous le promets, je n'en parlerai à personne, quand même l'on me ferait les plus grandes menaces ; je le jure, rien ne me fera trahir le *secret* que vous m'aurez confié. — Eh bien ! alors je vais te faire voir la perdrix. La grand-mère amène avec elle la petite fille et entre avec elle dans la cachette. Quelle ne fut pas sa surprise en voyant un homme enveloppé dans un manteau de femme, la tête couverte d'un grand chapeau noir de forme ronde et à larges bords, que les femmes du Midi portent habituellement dans les champs pour s'abriter contre les rayons du soleil, quand elles se livrent aux travaux rustiques, surtout à l'époque des moissons. — Elle sut plus tard que c'était l'abbé Dorte. — Le saint prêtre lui parla et l'exhorta à être toujours bien obéissante à ses parents, à aimer le bon Dieu et la sainte Vierge. Ce souvenir resta profondément gravé dans son esprit, et, plus de cinquante ans après, elle aimait à nous raconter cette circonstance émouvante de sa vie d'enfant. Elle nous certifia qu'elle avait été souvent pressée de trahir le secret qu'on lui avait confié ; mais, grâces à Dieu, malgré les menaces et même les coups, elle avait été toujours fidèle à la parole donnée.

Quand Lédenon devait recevoir la visite des sbires républicains, on envoyait le saint prêtre dans une métairie, distante de deux ou trois kilomètres du village ; il s'y rendait déguisé en berger, conduisant un troupeau de brebis. Mais le métayer, soupçonné d'être aristocrate, ayant été visité et même menacé par les bandits soudoyés par le gouvernement, l'abbé Dorte, soit par mesure de prudence, soit pour n'être pas la cause, quoique involontaire, des tracasseries qu'avait à subir son hôte, prit congé de lui et se retira dans l'ermitage de Collias avec son fidèle ami, Louis Mailhan. Le portail et le chœur de l'église de l'ermitage servent de points d'appui à deux petites voûtes superposées et communiquent au moyen d'une trappe ; c'était là qu'ils se retiraient pour échapper aux recherches de leurs persécuteurs. Les visites devenant de jour en jour plus fréquentes, il fallut encore chercher ailleurs un lieu de refuge.

Mailhan avait été longtemps berger et connaissait ces parages. Il indiqua à M. Dorte trois cavernes ou grottes, que celui-ci habita successivement. Il ne resta pas longtemps dans la première, parce qu'elle était trop connue de certaines personnes de Remoulins. Il ne s'y crut pas en sûreté ; des cris entendus le jour et la nuit, dont il fit part à son ami Mailhan, réveillèrent ses craintes. Et voilà qu'une belle nuit d'automne, par un magnifique clair de lune, et sous la conduite de son dévoué compagnon d'infortune, il alla prendre possession d'une nouvelle grotte plus solitaire et plus sauvage sur le territoire d'Argilliers.

Cette seconde grotte était très isolée et moins vaste que la première, plus éclairée et où il pouvait plus aisément réciter son bréviaire, qu'il n'a pas omis un seul jour. Mais elle avait le grave inconvénient d'être basse et humide, et d'être visitée par des serpents, qu'il finit par faire périr ou éloigner au moyen du tabac, qu'il fit apporter en grande quantité. Cette grotte, qu'il habita plus d'un an, n'avait pas seulement l'inconvénient d'être basse et humide, elle était encore à plus de deux lieues de Lédenon, d'où lui arrivaient les provisions alimentaires, et prudemment le fidèle berger ne pouvait pas faire le trajet toutes les vingt-quatre heures. Souvent il en était empêché, tantôt par les bûcherons ou d'autres bergers, dispersés çà et là dans la forêt, tantôt par d'autres fugitifs auxquels il ne voulait pas se faire connaître et plus souvent encore par les terroristes d'Uzès ou du voisinage de Lédenon, qui savaient très bien que le curé réfractaire n'avait pas émigré. Combien de fois le courageux proscrit se vit-il obligé de faire durer huit jours un pain qui suffisait à peine pour vingt-quatre heures ! Il courut plusieurs fois de grands dangers, un jour surtout où les bois furent battus en tous sens et où les chiens aboyèrent avec une sorte de fureur contre l'ouverture de la grotte, à peine visible ; il craignit qu'ils n'y descendissent. Les maîtres des chiens se contentèrent de jeter quelques pierres, qui restèrent sur l'orifice de son gîte, fermé par des ronces peut-être séculaires.

L'humidité de cette caverne lui fit éprouver des douleurs rhumatismales, et la récitation du bréviaire, qu'il n'omit pas une seule fois, même dans sa première retraite, peu éclairée, lui affaiblit tellement la vue, qu'il lui fallut faire usage de lunettes ; elles lui furent procurées par son fidèle berger, ainsi qu'un lorgnon, qui lui fut très utile (1).

La troisième grotte, qu'il habita après la chute de Robespierre, est tellement cachée, qu'il est impossible de l'apercevoir, même quand on est tout près de l'endroit où elle existe. Il fallait la longue pratique de Mailhan dans le métier de pâtre, et son esprit intelligent et curieux pour avoir fait cette découverte. Elle est de forme ronde, ayant environ quatre à cinq mètres de superficie, surmontée d'un rocher lui servant de toiture et tout recouvert d'herbes, d'arbustes, de ronces, de lierres et de toute sorte de broussailles. Son ouverture est à un mètre au dessus du sol et très étroite. Elle est si admirablement formée par la nature, que personne ne se douterait de son existence à cet endroit. Elle est isolée au milieu d'un vaste pla-

(1) L'abbé Dorte subit plus tard à Montpellier la douloureuse opération de la cataracte, qui réussit à merveille. Sa vue avait cruellement souffert dans la première grotte surtout, dans laquelle pénétrait à peine une faible lumière, pouvant lui permettre néanmoins la récitation du bréviaire.

teau de garrigues au dessus de la colline de Collias, du côté du Gardon. A peine y descend-il assez de lumière pour pouvoir lire ou s'y livrer à un travail manuel. On dirait une sorte de boudoir, mais dont les lambris dorés, les canapés moelleux, les riches tapisseries, sont remplacés par une voûte et des parois de stalactites étincelantes comme le cristal, tant l'ensemble est brillant et lumineux, quand de rares et faibles rayons solaires y pénètrent à travers quelque fissure. Deux ouvertures en carré long, qu'on dirait avoir été pratiquées par une main habile, tenaient lieu d'armoires : l'une servait à y placer quelques livres et des vêtements ; l'autre, à y conserver quelques provisions de bouche, que portait au proscrit son pieux Habacuc. Tout autour régnait un banc de pierre cristallisée, de forme circulaire ; il lui tenait lieu de fauteuil et de dormeuse pendant les jours de persécution qui suivirent, jusqu'à la fin de la tempête révolutionnaire. Cette admirable caverne fut à la fois son presbytère, son église et sa sacristie, et le Dieu du Calvaire y descendit plusieurs fois, à la voix du saint prêtre, pour ranimer le courage de l'intrépide soldat qui combattait pour sa gloire.

Que de privations, que de souffrances ne dut-il pas endurer au milieu de tant de périls ! Dans ces tristes jours de persécution se renouvelaient les scènes douloureuses que nous retrace saint Paul dans son épître aux Hébreux (1)..... : « Ils ont été éprouvés *de toute manière ;* ils sont morts par le tranchant de l'épée ;

(1) *Hébreux*, ch. XI, 37, 38.

ils ont été vagabonds, couverts de peaux de brebis et de peaux de chèvres, étant abandonnés, affligés, persécutés, eux dont le monde n'était pas digne, et ils ont passé leur vie errant dans les déserts et dans les montagnes, et se retirant dans les antres et les cavernes de la terre. »

DEUXIÈME PARTIE

LA TERREUR

I

TRIBUNAL RÉVOLUTIONNAIRE ÉTABLI A NIMES. — INVASION DE LÉDENON. — FUITE DE L'ABBÉ DORTE

Un décret de l'Assemblée nationale du 8 février 1791 accordait aux prêtres insermentés une pension de 300 francs, à compter du jour de leur remplacement par des prêtres constitutionnels ; mais ce décret fut illusoire ou du moins il n'y fut pas donné suite, un autre décret du 24 mai 1792 ordonna la déportation des prêtres qui refusaient de prêter serment à la Constitution civile du clergé. Au commencement de septembre 1792, quinze jours avant l'embarquement à Aigues-Mortes des fidèles ministres de Jésus-Christ, eurent lieu les massacres des prêtres à Paris, à la Conciergerie, à Ste-Pélagie, aux Carmes, à Bicêtre, etc. : aurore sanglante de ces jours de forfaits, de désolation et de deuil, si justement appelés le règne de la Terreur. Le 21 du même mois de la même année, l'Assemblée législative déclare que sa session est terminée, et la Convention annonce qu'elle est constituée. Elle était composée de Girondins et de Montagnards (1793-1794).

Les premiers voulaient arrêter cette ignoble multitude dont les excès leur inspiraient le dégoût et l'épouvante ; les seconds poussaient à la démocratie la plus extrême, et étaient soutenus par la commune de Paris, les Jacobins et les Sans-Culottes. Ces derniers, qui avaient à leur tête Robespierre et Marat, laissaient bien loin derrière eux les égorgeurs de septembre. Ils créèrent partout des tribunaux révolutionnaires, et pour que l'on se fasse une idée des membres qui les composaient, nous nous contenterons de faire connaître ceux du tribunal révolutionnaire de Nîmes Voici un extrait de l'acte d'accusation portée contre eux après la chute de Robespierre :

« Un tribunal de sang y plongeait chaque jour dans le deuil des milliers de familles. Ses jugements, rendus sans actes d'accusation et sans jurés, ne dépendaient ni de la nature des preuves, ni du langage des témoins, ni de la défense des prévenus. Ces infortunés étaient enlevés dans les prisons, quelquefois dans leurs maisons, mis hors des débats, jugés et conduits à l'échafaud dans une heure.

« C'était dans leurs orgies que les suppôts de cette faction exterminatrice désignaient leurs victimes et réglaient le nombre des têtes qui devaient tomber. Leur table était dressée en face de l'échafaud, dans la maison d'un homme qui n'est plus..... L'heure de leur repas coïncidait avec celle des exécutions. Là, les cannibales, ivres de liqueurs et de sang, jouissaient d'un spectacle digne d'eux ; là, ils apposaient leur sceau à un nouveau rôle de ceux qui devaient périr le lendemain ; là, ils rayaient qui bon leur semblait de la liste des vivants. Tandis que la cité offrait l'aspect d'un vaste cimetière, la jubilation éclatait dans le repaire de ces monstres, qui, s'avançant au milieu des fanfares, menaient les danses autour de l'échafaud (1)..... »

(1) *Pièces et documents officiels pour servir à l'histoire de la Terreur à Nîmes*, p. 54.

La consternation était générale ; les fidèles habitants de Lédenon tremblaient pour la vie si précieuse de leur pasteur; mais l'intrépide confesseur de la foi, nullement effrayé, continuait à remplir les fonctions de son ministère sacré. Cependant, les émissaires du district d'Uzès, honteux, humiliés et froissés dans leur orgueil par l'inutilité de leurs vaines démarches, pour en finir avec ce curé récalcitrant, formèrent l'horrible complot de s'en emparer et de livrer à la rigueur de leurs tribunaux infâmes le prêtre rebelle aux lois de la nation. Leur fureur croissait en raison de l'inutilité de leurs efforts pour assouvir leur soif de vengeance.

Trois cents hommes, choisis parmi ceux que les clubs d'Uzès, de Nîmes et de Remoulins avaient de plus scélérats, eurent ordre de se diriger sur Lédenon, où ils devaient arriver la nuit, les uns par le chemin de Cabrières, les autres par celui de Collias, une troisième bande par celui de St-Bonnet. C'était vers la fin de novembre 1793. Le temps était froid et pluvieux, ce qui n'empêchait pas les enfants dévoués de saint Cyr et de sainte Julitte, — ce sont les patrons de Lédenon, — de veiller à la sûreté de leur pasteur bien-aimé. Les bandits, arrivés près du village, tressaillent d'une joie infernale, comme le tigre devant la gazelle qui va devenir sa victime : ils se croyaient assurés de saisir leur proie, car ils voyaient la lumière briller à une fenêtre du presbytère. Le pieux curé récitait tranquillement les matines du lendemain, pensant pouvoir célébrer encore une fois la sainte messe dans sa chère église de Lédenon. Les barbares se disposaient à l'abreuver d'outrages, à le charger de chaînes ; mais l'ange du Seigneur veillait à la garde de son ministre. Un enfant, qui le jour de la Toussaint, avait fait sa première communion et le premier avait entendu quelque bruit, s'était avancé furtivement, et caché derrière un buisson, avait pu surprendre quelques paroles et connaître le projet de ces brigands, qui n'attendaient que la réunion complète des trois bandes pour fondre sur le village et envahir la maison presbytérale. Ce courageux enfant, qui s'appelait Jean Boyer, abandonne aussitôt son gîte, court au village et s'empresse de répéter au curé ce qu'il a entendu. M. Dorte, n'ayant aucun doute sur la véracité du récit du jeune messager, était seul dans le presbytère. Il prend son bréviaire, éteint le cierge qui l'éclairait, et, traversant le jardin qui est contigu à sa demeure et à l'église, franchit le mur de clôture et va en toute hâte chercher un asile. Il en eût trouvé dans toutes les maisons de ses chers paroissiens, car ils lui étaient tous entièrement dévoués; mais, pour éviter leur rencontre dans l'intérieur du village, il se dirige vers la ferme de M. de Montval, exploitée par de nombreux domestiques. Deux de ces robustes valets, honnêtes et bons chrétiens, revenaient de la campagne avec leurs charrettes chargées de marcs de raisin, leurs quatre mules étaient affublées de leurs harnais. Il prévient les fermiers de ce qui se passe, de ce qui va avoir lieu, leur recommande de faire bonne contenance, et leur fait part du moyen de salut, qui s'est présenté à son esprit, comme par inspiration.

— Quand les bandits, leur dit-il, seront près de la ferme, je me trouverai dans l'écurie ; vous y serez vous-mêmes. Je me coucherai par terre à l'endroit où vous déposez ordinairement les colliers et les harnais de vos mules avec lesquels vous me couvrirez; ils seront suffisants pour me dérober aux regards de mes ennemis. Vous le ferez avec sang-froid et en parlant à vos mules, comme vous le faites d'ordinaire, faisant semblant de les soigner. Ce moyen de salut, que lui inspira la Providence, réussit à merveille.

Réunies au rendez-vous, les trois bandes de brigands se concertent sur les mesures à prendre pour mener à bonne fin leur criminelle entreprise. Après avoir apposé des sentinelles à toutes les avenues du village, ils se dirigent vers le presbytère, dont la porte était ouverte. Deux d'entre eux pénètrent dans l'appartement où ils avaient aperçu de la lumière ; le feu brûlait encore dans l'âtre ; ils allument le grand cierge de la première communion, dont le saint prêtre venait de se servir. Le presbytère est bientôt inondé des flots de ces misérables, qui vont, viennent, du salon à la cuisine, de la cave au grenier ; pénétrent dans le jardin, fouillent tous les coins de la remise. Ils se rendent à l'église, dont ils enfoncent la porte, ainsi que celle de la sacristie, et transportés de rage de ne pouvoir mettre la main sur ce maudit curé qu'ils croyaient surprendre au lit pendant son sommeil, ils brisent portes et fenêtres, et brûlent les meubles qui tombent sous leurs mains sur la petite place, entre le presbytère et l'église. Ils se répandent dans le village, hurlant des chants patriotiques, pénètrent dans diverses maisons, proférant des blasphèmes et des menaces ; mais peine inutile ! Le pieux pasteur est sous la main de Dieu qui le protège. Ils se dirigent, au nombre de plus de cent, vers la métairie de M. de Montval, y arrivent, s'y livrent aux perquisitions les plus minutieuses, traversent plusieurs fois l'écurie, qu'ils scrutent inutilement dans tous ses moindres recoins; mais les valets, fidèles à la consigne, étaient restés auprès de leurs mules, ayant l'air de les panser et de les soigner, et, en réalité, veillant sur les harnais qui recouvraient le proscrit, et qu'un bandit aurait pu soulever dans la seule intention de s'amuser.

Après une nuit presque entière d'infructueuses investigations, ces hommes, bien dignes par la scélératesse de leur conduite de la confiance du district qui les avait envoyés, retournent au presbytère, où ils avaient aperçu quelques bouteilles de vin et des provisions de bouche. Ils chantent, boivent, mangent; ensuite, échauffés par la fumée du vin généreux de Lédenon, ils achèvent de briser ce qui y était resté intact et se dirigent vers Cabrières, dans l'intention de s'emparer du respectable M. Pagès, qui en était le curé et, comme M. Dorte, avait refusé de prêter le serment schismatique à la Constitution civile du clergé; mais là ils furent encore trompés dans leur attente criminelle.

Ils retournent à Uzès, où les principaux membres du district, transportés de fureur de voir sans résultat leur première démarche pour se saisir du prêtre réfractaire, objet de leur haine, dissimulent leur rage. Ils font semblant de ne plus s'en occuper, et combinent dans leur esprit de nouveaux plans pour le surprendre.

II

RETOUR A LÉDENON. — MESSE ET ALLOCUTION DE L'ABBÉ DORTE A SES PAROISSIENS

M. Dorte se confiait avec une sainte hardiesse à la Providence. Ayant acquis la certitude que cette horde de misérables avait quitté Cabrières, sans avoir trouvé M. Pagès, son confrère et son ami, et repris le chemin d'Uzès par Remoulins ; qu'ils s'étaient éloignés de la ferme de M. de Montval, et qu'ils s'étaient tous dispersés, il retourne à Lédenon et se rend à l'église pour y célébrer une messe d'actions de grâces et remercier Dieu de l'avoir délivré d'un danger si éminent. Il fut assisté à l'autel par le jeune Boyer, le courageux enfant que le ciel avait choisi pour être son libérateur et l'arracher des mains de ses ennemis acharnés à sa perte. La population tout entière accourut dans l'enceinte sacrée. Qu'il dut être agréable à Dieu ce sacrifice célébré avec une piété angélique dans ces douloureuses circonstances et auquel une nuit passée dans les plus cruelles angoisses avait servi de préparation ! Quelle abondance de grâces il dut faire descendre et sur le pasteur et sur le troupeau !

Il était plus de midi ; mais, n'écoutant que son zèle, et pensant que, probablement, c'était pour la dernière fois qu'il voyait toutes ses ouailles réunies dans sa chère église de Lédenon, l'intrépide curé voulut leur adresser, avant de se retirer, une de ces émouvantes allocutions qu'il savait trouver dans son cœur d'apôtre, et qui empruntait aux circonstances quelque chose d'imposant et de solennel. Nous ne pouvons ici qu'en donner une faible et pâle analyse :

« Mes chers frères, leur dit-il, ou plutôt, mes chers enfants, rendons grâces à Dieu de l'évidente protection dont il nous a couverts la nuit dernière. Qu'il soit à jamais béni ! Que votre attachement inviolable à la foi catholique, si connu de tout le monde, et votre empressement à écarter tout ce qui pourrait l'affaiblir et le détruire soient toujours le premier et le plus important des devoirs que vous avez à remplir. Gardez jusqu'à la tombe le dépôt sacré de cette foi catholique, le plus précieux héritage que vous ont légué vos ancêtres. Dieu est avec nous, et, toujours tout puissant, il saura déjouer les complots de ceux qui veulent nous perdre. Je compte sur vous, comptez sur votre père ; oui, je vous le dis avec une conviction profonde, je ne vous abandonnerai jamais, non, jamais. « Le bon pasteur, nous dit l'Évangile, donne sa vie pour ses brebis. » Je sacrifierai, s'il le faut, volontiers la mienne, pour vous prodiguer les consolations et les secours de mon ministère sacré, pour vous rompre le pain de la parole, autant qu'il me sera possible de le faire, pour célébrer avec vous nos saintes solennités. Oui, jusqu'à mon dernier soupir, malgré nos farouches persécuteurs, vous aurez près de vous votre pasteur, votre ami, votre père. Du courage ! Soyez forts dans cette lutte terrible des suppôts de Satan contre les enfants du Christ et de son Église. Ce n'est pas sous la tente, mais sur le champ de bataille, que le soldat fait éclater sa valeur. Soldats de J.-C., si Dieu est avec nous, que peuvent ceux qui sont contre nous ? que peuvent-ils, nos ennemis ? Détruire ce corps de boue, nous enlever une vie éphémère ; mais notre âme échappe à leurs coups, et, en nous donnant la mort, ils nous ouvrent les portes du ciel et nous mettent en possession de la vie éternelle, que le Sauveur a promise à ses fidèles disciples. Mettez votre confiance en Dieu, et vous ne serez jamais confondus. Comptez sur mon dévouement, sur ma parole de prêtre, comme je compte sur vous..... »

Tous les cœurs des assistants furent émus et électrisés par les brûlantes paroles du ministre de J.-C. ; des torrents de larmes coulèrent de tous les yeux, et tous jurèrent de mourir mille fois plutôt que de trahir la foi de leurs aïeux, et leurs protestations furent si sincères qu'aucun paroissien de Liédenon ne viola son serment.

III

CE QUE FAIT L'ABBÉ DORTE POUR TROMPER SES ENNEMIS. — SA SOLLICITUDE PASTORALE. — INVASION DE LA MAISON BOYER. — IL ÉCHAPPE MIRACULEUSEMENT AU PLUS GRAND DANGER

Jusqu'alors le courageux pasteur avait pu conserver l'habit ecclésiastique ; mais il comprit, à dater de ce moment, qu'il ne pouvait plus paraître en public avec ce costume sans s'exposer à tomber entre les mains de ses persécuteurs, et à rendre ainsi, contre ses désirs les plus ardents, son ministère impossible pour le bien de sa chère paroisse et pour le salut de tant d'âmes des diocèses de Nîmes et d'Avignon, dont il devait être l'ange consolateur.

Que fera donc l'abbé Dorte dans des conjonctures si difficiles ? Les voies de Dieu sont impénétrables, et dans sa bonté et dans sa sagesse, il suggère toujours à ceux qu'il couvre de sa protection des moyens qui font avorter les complots des méchants. L'intrépide proscrit prend si bien ses mesures qu'elles sont couronnées d'un plein succès. Il se fait appeler *Tedor Nondelay*, marchand de bestiaux et berger.— C'était l'anagramme de son nom : *Dorte*, et celui de sa paroisse : *Lédenon.* — Sous ce nom bizarre, qui n'était pas rigoureusement emprunté, il obtint, par l'intermédiaire du consul de Marguerittes, une carte de civisme ou permis de circuler dans les départements du Gard et de Vaucluse, délivré à Uzès et dûment régularisé par le chef du district de cette ville.

Nanti de cette pièce indispensable, TEDOR NONDELAY, accompagné de Mailhan, cet ami fidèle et intrépide, qui lui rendit les services les plus signalés, se rend à Avignon, travesti en berger. Ce n'est plus pour faire emplette de livres, d'une soutane, de quelques ornements d'église; mais de plusieurs blouses, d'un chapeau de pâtre, d'un chalumeau, d'un fouet, d'un petit creuset à fondre les cuillers, pour jouer au besoin et tour à tour, sous ces divers costumes, les rôles de berger, de charretier, de maquignon, de fondeur d'étain nomade; et c'est ainsi déguisé qu'il put traverser impunément les longs et mauvais jours de la Terreur, et exercer le saint ministère. Plusieurs prêtres, comme l'abbé Dorte, restèrent cachés à cette époque néfaste, et prodiguèrent aux chrétiens fidèles les consolations de la religion; mais il en est peu, croyons-nous, qui aient montré autant de courage et autant de zèle. M. Jury-Joly, dans son manuscrit, observe que, depuis la promulgation du nouveau décret de déportation contre les prêtres insermentés, — 21 février 1793, — jusqu'au rétablissement du culte catholique en France, dans la paroisse de Lédenon, la messe fut toujours célébrée le dimanche et les fêtes chômées, tous les enfants nouveau-nés ont reçu le baptême, tous les mariages clandestins ont été bénis, et que pas un seul malade n'est mort sans avoir reçu les derniers sacrements. Si dans d'autres paroisses du voisinage il s'est trouvé des prêtres intrus qui ont voulu par violence présider à la sépulture des défunts, il n'en fut pas ainsi dans celle de Lédenon. M. Dorte ensevelit plusieurs morts, et quand la prudence lui faisait un devoir de s'en abstenir, c'est son fidèle compagnon, Louis Mailhan, qui récitait lui même les prières liturgiques pour la sépulture des catholiques décédés.

Les fréquentes apparitions des bandes révolutionnaires ne permirent bientôt plus à M. Dorte de passer la nuit dans aucune des maisons de sa paroisse pour y exercer les fonctions du saint ministère. Elles furent toutes cernées, visitées, fouillées en tout sens. S'étant transporté une nuit dans la maison d'une malade pour la confesser, — c'était la maison d'un vieillard nommé Boyer, qui lui était dévoué, — on frappe à la porte à coups redoublés : c'étaient de nouveaux émissaires du district d'Uzès, qui avaient reçu l'ordre de s'emparer du curé réfractaire. Antoine Vier, le gendre du vieux Boyer, court à la chambre de sa belle-mère, que M. Dorte confessait en ce moment, et annonce que la maison est cernée de toute part, et qu'il est impossible d'en sortir sans tomber entre les mains des brigands. Le saint prêtre ne se déconcerte pas. La divine Eucharistie reposait sur sa poitrine dans une petite custode, et animé de cette foi vive qui ne l'abandonnait jamais et de cette confiance entière qu'il avait en Jésus-Hostie : — « Ne craignez rien, leur dit-il, Dieu est toujours avec nous, et son bras saura nous protéger ». — Et il quitte la chambre, précédé par le père Boyer, qui le conduit au grenier à foin, où il avait pratiqué, par mesure de prudence, un refuge dans l'épaisseur de trois ou quatre cents quintaux de fourrage, où se glissa bien vite le bon curé. L'entrée de cette sorte de tanière était comme impossible à trouver et une fente du plancher y donnait un peu d'air au pieux captif. Dans moins de cinq minutes, le vieux Boyer, qui allégua pour excuse de son retard les soins qu'il donnait à sa femme malade, ouvre la porte aux sbires, qui, tout forcenés qu'ils étaient, s'adoucissent un peu quand on les invite à faire réveillon et qu'on leur assure que leurs perquisitions seront inutiles et sans résultat. La table est aussitôt couverte de provisions de bouche ; un tonneau de vin vieux de Lédenon est mis à leur disposition. Ils boivent et mangent, et ils auraient passé la nuit à hurler le *Ça-ira* et la *Carmagnole,* si le maître du logis n'avait demandé grâce pour les oreilles de sa femme qui était dans un état presque agonisant. Ils ne purent refuser d'acquiescer à la demande d'un homme qui s'était montré si loyal et si généreux à leur égard. Ils commençaient à se retirer, non sans avoir répandu la terreur dans le village, vomi d'exécrables blasphèmes et commis de nombreux larcins, lorsque l'un d'entre eux s'écria : — « Nous partons comme des c......, sans avoir fait la moindre recherche dans la maison suspecte. Quel est notre zèle pour exécuter les ordres du district ? Si notre lâcheté est connue, il y va de notre tête; pour qui passerons-nous, si nous n'amenons pas le calotin-réfractaire ? » — Ces paroles suffisent pour réveiller les instincts pervers de ces êtres abrutis et enflammer ces têtes déjà échauffées par de copieuses libations. Ils reviennent sur leurs pas, rentrent dans la maison Boyer ; sa basse-cour, sa remise, son écurie, ses appartements sont inondés de ces hommes à cœur de tigre, armés, les uns de fusils, les autres de sabres, de faux, de larges coutelas.

Le saint prêtre, qui ne s'était pas pressé de quitter sa retraite, était témoin de cet effroyable spectacle, à mesure que ces monstres à face humaine passaient et repassaient sous la petite fente du plancher qui l'abritait. Il ranime sa confiance en Dieu, qu'il adore en silence. On monte, on remonte au grenier à foin, on s'y livre à des perquisitions minutieuses. Grand Dieu, gardez l'entrée de sa retraite, elle est devenue votre sanctuaire, et ne permettez pas que votre ministre, ce digne confesseur de votre foi, soit livré aux mains des bêtes féroces : *Ne tradas bestiis animas confitentes tibi* (1).

Ces barbares, plus animés encore par les transports de leur rage sacrilège que par les fumées du vin, avec une fureur satanique, remuent, creusent, fouillent dans la paille, y enfoncent leurs instruments divers. — « Et peu s'en fallut, dit plus tard M. Dorte à son neveu, M. l'abbé Jury-Joly, que sur la fin de leurs recherches, quoique je fusse dans un réduit étroit en forme de pont, couvert d'une épaisseur de trois ou quatre mètres, peu s'en fallut que la pointe d'une longue broche ne m'atteignît et ne me blessât, tellement on avait remué le monceau de fourrage en tout sens. Je croyais toucher aux derniers instants de ma vie. Je me voyais entre les mains de mes persécuteurs. J'invoquais le Dieu de l'Eucharistie, qui a toujours été mon espérance, ma consolation et ma force. Je m'administrai la communion comme en viatique, consommant

(1) Psalm. LXXIII, 19.

toutes les saintes espèces que j'avais sur moi, pour les préserver de la profanation au cas où je serais découvert, n'en conservant qu'une seule pour m'en communier moi-même ou pour un malade en cas de besoin, si j'étais sauvé par un miracle de la Providence. Mon Dieu ! je vous demande deux grâces : ne permettez pas que nos ennemis arrivent jusqu'à moi ; ôtez-leur la pensée d'incendier le grenier à foin ; moins pour moi, Seigneur, qui suis une victime qui doit vous être immolée, que pour cette famille si chrétienne qui m'a donné asile et pour le salut des âmes que vous m'avez confiées. »

Les vœux du saint prêtre furent exaucés ; aucun de ces hommes féroces n'eut la pensée de mettre le feu à ce monceau de paille. Lassés de tant d'inutiles perquisitions, ils abandonnent le grenier à foin et descendent dans la cour, où leur chef les réunit. Ils font main-basse sur tout ce qui se présente à leurs regards et qu'ils peuvent facilement emporter. La riche et vaste demeure de Boyer fut presque entièrement dévalisée. Ils font des décharges générales de leurs fusils pour intimider le village, forcent le consul à leur livrer le tambour de la commune et se rendent à l'église, où ils se font apporter des vivres. Ils mangent et boivent, se livrent à de véritables orgies; parodiant nos saintes cérémonies, ils font retentir les voûtes du temple de blasphèmes horribles et de chants licencieux, et commettent toute sorte de profanations et de sacrilèges. Ils fabriquent un mannequin avec je ne sais quel lambeau de robe noire et d'ornements d'église, le suspendent devant l'autel, le percent de balles, en attendant, disent-ils, qu'ils fusillent en réalité le prêtre maudit et rebelle. Tous rivalisent de fureur et d'impiété, et les porteurs de fourches, de faux et de broches déchargent eux-mêmes leur rage contre cette monstrueuse figure.

Après s'être assurés que ces misérables étaient déjà loin du village, le père Boyer et son gendre, Antoine Vier, s'empressent de se rendre auprès de leur digne curé, qui, depuis plus de vingt-quatre heures, était comme enseveli dans son cercueil de paille, sans air, sans nourriture, plus tourmenté encore par l'affliction morale qui transperçait son âme comme un glaive, que par les privations diverses qu'il y éprouvait. Ces deux courageux paroissiens démasquent l'ouverture de sa cachette, heureux et fiers d'avoir été dans cette rencontre en quelque sorte les sauveurs de leur pasteur bien-aimé, se glissent dans sa petite cellule, se jettent dans ses bras, couvrent de baisers et de larmes le visage du saint prêtre, où brillait d'un éclat céleste la placidité de son âme calme et sereine. Ils se félicitent réciproquement de leur bonheur, se rendent dans la chambre de la malade, qu'il avait fallu quitter la veille avec tant de précipitation. Le mal avait empiré : de vives commotions et de pieuses alarmes avaient redoublé les ardeurs de la fièvre. M. l'abbé Dorte, instruit par l'expérience et très versé dans les connaissances de la médecine, comprit qu'il n'y avait pas de temps à perdre, et qu'il devait lui administrer les derniers sacrements. Alors, plus préoccupé de la mourante que de sa propre conservation, — c'était neuf heures du matin, et il y avait près de deux jours qu'il n'avait pris d'autre nourriture que la sainte communion au moment du plus grand danger, — il confesse la malade, lui donne l'Extrême-Onction et l'Eucharistie, qu'il portait toujours respectueusement dans un petit sachet de soie, reposant sur sa poitrine pendant les jours néfastes de la persécution. Cet acte de son ministère accompli, le pieux pasteur se sent encore le courage de célébrer la sainte messe. Il avait toujours, comme sous la main, son petit autel portatif, son calice et tout ce qui est indispensable pour offrir le saint Sacrifice, qu'il n'omettait jamais, si ce n'est en cas d'empêchement majeur. Et il a répété souvent, dans les épanchements intimes de l'amitié, à son neveu, l'abbé Jury-Joly, qu'il honorait d'une affection toute spéciale, qu'il n'aurait pu résister si longtemps et qu'il serait mort à la peine, après tant de souffrances et des privations si cruelles, s'il n'avait eu le bonheur de se nourrir du pain des forts et de s'unir à son Dieu dans le sacrement de son amour. Aussitôt, et malgré les respectueuses observations de la famille qui lui a donné asile et des personnes pieuses toujours informées du lieu où se célébraient les saints mystères, le bon prêtre improvise un autel, la chambre de la malade est transformée en sanctuaire, et le Fils de Dieu daigne y descendre pour consoler et affermir ses fidèles adorateurs. O touchant spectacle, qui nous rappelle les scènes émouvantes et sublimes de la primitive Eglise ! Intrépide soldat du Christ, zélé confesseur de la foi, dévoré du feu sacré du salut des âmes, votre mémoire, comme celle du juste, ne périra pas : *In memoria æterna erit justus* (1).

(1) Psalm. CXI, 7.

IV

LA PREMIÈRE COMMUNION DANS LES BOIS

M. Dorte a continué à remplir, malgré des difficultés et des obstacles infinis, les fonctions de son saint ministère. Quant il devait quitter sa grotte, il n'en sortait jamais que travesti tantôt sous un costume, tantôt sous un autre, pour mieux tromper la vigilance des sbires de la Révolution. Il avait des blouses de charretier, des vestes, des habits et des chapeaux de formes diverses ornés de cocardes nationales, que lui avait procurés l'intrépide et ingénieux Mailhan. Quand les circonstances difficiles ne lui permettaient pas de s'éloigner de sa retraite, c'est dans l'épaisseur des forêts ou la profondeur des cavernes qu'il exerçait ses fonctions de pasteur. Les catholiques, prévenus par son ami infatigable, profitant des ténèbres de la nuit et sous sa conduite, se transportaient au rendez-vous donné, soit pour des baptêmes à recevoir, soit pour des mariages à réhabiliter, soit pour la réception des sacrements de Pénitence et d'Eucharistie. Aucun enfant de Lédenon et des villages circonvoisins n'a atteint sa quinzième année à cette époque néfaste sans avoir fait sa première communion. Des femmes dévotes, de pieux laïques avaient été choisis par le zélé pasteur pour préparer les jeunes catéchumènes par des instructions et des exhortations à l'accomplissement de cet acte solennel dans la vie et dont le souvenir reste profondément gravé dans le cœur. Chose étrange ! Dans la France catholique, dans le royaume de St Louis, à cette triste époque, les prêtres persécutés se voyaient contraints de faire ce que font les missionnaires de l'Orient pour la conversion des païens, d'avoir des catéchistes pour instruire et préparer à la réception des sacrements des enfants baptisés et dont les parents étaient catholiques. C'était quelquefois en plein jour qu'avait lieu la première communion.

L'abbé Dorte déployait toute la pompe que comportait la circonstance, mais il n'admettait jamais à la table sainte qu'une douzaine de communiants ; quelquefois ils n'étaient que trois ou quatre. Quelques personnes dévouées étaient posées en sentinelles, afin de donner l'éveil et le signal de la retraite au moindre indice qui annonçât l'approche des sans-culottes.

Oh ! que ces cérémonies étaient émouvantes dans leur imposante et majestueuse simplicité ! C'était le renouvellement de ces scènes attendrissantes, où l'Église à son berceau était persécutée par les tyrans de Rome païenne et où ses ministres se cachaient dans les souterrains pour célébrer les saints mystères.

La nature servait de temple, le rocher d'autel ; au-dessus de la voûte de verdure des chênes brillait l'immense coupole d'un firmament d'azur. Le gazon remplaçait les tapis. Les suaves senteurs qui s'exhalaient des calices de mille fleurs agrestes, étaient un parfum plus odorant que celui de la fumée des encensoirs dans les temples construits par la main des hommes. Et les ravissantes mélodies des chantres ailés des forêts n'é-

5

taient-elles pas plus harmonieuses que les plus beaux chants des plus habiles artistes ? Que ces cérémonies étaient belles ! Que ces enfants étaient recueillis et pieux ! Avec quel silence et quelle attention ils écoutaient l'allocution paternelle du pasteur proscrit ! Que leurs prières naïves devaient être agréables à Dieu ! Et c'est peut-être aussi aux supplieations de ces jeunes cœurs parfumés d'innocence que le saint prêtre, édifié lui-même de leur piété candide, a été redevable de la protection évidente dont Dieu l'a entouré au milieu des plus grands périls. Et quand le jour déclinait et qu'il fallait se dire adieu, les enfants et leurs parents, les yeux baignés de larmes, au milieu des sanglots, embrassaient leur intrépide curé, comme autrefois les habitants de Milet en se séparant de saint Paul : *Magnus autem fletus factus est omnium, et procumbentes super collum Pauli, osculabantur eum* (1). Ils reprenaient le chemin du foyer domestique, et le confesseur de la foi regagnait sa grotte chérie, l'âme satisfaite et heureuse d'avoir accompli son devoir de pasteur, et après un repas frugal, la récitation du bréviaire et du chapelet, il s'endormait sur son lit de pierre pour recouvrer de nouvelles forces, afin de braver de nouveaux dangers, consoler et fortifier d'autres membres souffrants du corps mystique de Jésus-Christ.

(1) *Act.* XX, 37.

V

L'ABBÉ DORTE TOMBE ENTRE LES MAINS DE SES PERSÉCUTEURS. — SON SANG-FROID ET SA DÉLIVRANCE PROVIDENTIELLE.

Au milieu des cruelles épreuves par lesquelles la Providence le faisait passer, pour le purifier, comme l'or par le feu, ce qui le rendait fort et invincible, c'était la prière. Cette union intime avec Dieu, la prière, cet épanchement de l'âme qui charme, console, électrise, c'était l'arme qui ne le quittait jamais, surtout dans les périls et au plus fort des combats. C'est à ses oraisons ferventes et continuelles, à la présence de Jésus-Christ caché sous les voiles eucharistiques, qu'il recevait tous les jours et qu'il portait avec lui dans ses excursions apostoliques, qu'il attribuait la protection manifeste dont Dieu le couvrit, quand tout espoir paraissait perdu aux yeux de la prudence humaine. C'est à son amour pour le Dieu de l'Eucharistie qu'il se croyait avant tout redevable de n'avoir jamais été reconnu par les satellites de la Révolution, qui depuis longtemps étaient à sa poursuite et qui tous avaient juré de l'amener mort ou vif et de le livrer aux autorités d'un gouvernement tyrannique. Courageux pasteur, son sacrifice était fait, il ne tenait à la vie qu'autant qu'elle pouvait être utile pour le salut des âmes ; mourir pour Dieu était pour lui un gain (1), *mori lucrum*, et la plus belle victoire, puisque la palme du martyre lui ouvrait les portes du ciel.

Mais une pensée triste le préoccupait plus que tout le reste, car son amour pour ses frères était sans bornes ; il craignait que quelqu'un de ses amis ne fût compromis à son occasion par son dévouement et n'attirât sur lui-même les rigueurs et les châtiments terribles des lois iniques exécutées avec une sévérité barbare. Aussi avait-il soin d'agir toujours avec une extrême prudence et de prescrire à tous ceux qui lui étaient dévoués les précautions les plus minutieuses et quelquefois les plus sévères. Chacun s'y conformait sans murmure, parce qu'on savait que, se conformer sur ce point à sa volonté, c'était le moyen de lui être agréable. L'intrépide Mailhan lui-même, son compagnon fidèle, le seul qui connût la dernière grotte qui lui servit d'asile, était très réservé, pour ne pas éveiller des soupçons sur la présence du proscrit, pour le salut duquel il s'exposait chaque jour à la mort.

Quand le devoir ou d'autres motifs impérieux contraignaient le saint prêtre à quitter momentanément sa retraite, s'il rencontrait quelqu'un qu'il connaissait et dont il était connu, nul n'avait l'air de le reconnaître. Son nom de famille, mais encore moins son titre de curé, n'était pas généralement prononcé devant les enfants, comme plus sujets à l'indiscrétion à cause de leur âge. Quelques-uns seulement, à six ou dix lieues à la ronde, le distinguaient sous le nom de

(1) Philip. I, 21.

citoyen TEDOR-NONDELAY, et c'est sous ce nom, et toujours nanti de sa carte de civisme ou permis de circulation, qui lui fut délivrée à Uzès, comme nous l'avons dit, — permis qu'il avait soin de faire viser, toutes les fois qu'il savait n'être pas connu des agents de l'autorité, — qu'il put échapper, grâce à la protection du ciel, à toute surveillance et à tout danger.

Quand il était rencontré sur la route ou par des sentiers détournés et solitaires, s'il le jugeait prudent, il n'attendait pas qu'on lui demandât ses papiers ; loin de s'éloigner et de fuir, il s'avançait hardiment, se disant tantôt berger, — il l'était en effet ; — tantôt marchand de bestiaux, — et il ne trahissait pas la vérité, parce qu'il en avait vendu quelquefois, — et sans trembler il présentait son permis de circulation à des hommes qui souvent ne savaient pas lire, et, ne se doutant nullement qu'ils avaient sous la main un proscrit recherché avec acharnement, le laissaient continuer son chemin et quelquefois lui prêtaient secours et appui. Il n'en fut pas toujours ainsi, et plusieurs fois il fut insulté et accablé des plus sanglants outrages et courut même les plus grands dangers, notamment un jour qu'il gravissait la côte de Saze, d'où il revenait de baptiser des enfants et d'administrer des malades. Laissons-le raconter lui-même à son neveu, M. l'abbé Jury-Joly, cet évènement, un des plus dramatiques de sa vie si tourmentée :

« Là, dit-il, je fus accosté par une troupe de bandits, armés jusqu'aux dents. Les uns voulaient se saisir de moi et m'amener à Avignon ; les autres étaient d'avis de me fusiller sur place. Ma conscience me rendait témoignage que je venais de remplir un devoir que m'imposait mon ministère sacré. J'avais en ce moment, comme j'ai toujours eu, une grande confiance dans la divine Eucharistie, que je portais toujours cachée sous mes habits dans un petit sachet de soie. Que faire dans cette terrible conjoncture ? Le simple aveu que j'étais prêtre était pour moi un arrêt de mort. Il n'était pas prudent de leur adresser un langage qui sentît trop le *calottin*, comme ils appelaient le prêtre par dérision. Deux des brigands les plus hardis s'étaient rués sur moi et m'avaient adossé à un arbre ; les autres se retiraient ; j'allais être fusillé. — « Citoyens, leur dis-je avec fermeté, je m'appelle TEDOR-NONDELAY, LOUIS, je suis originaire de Bouillargues, j'exerce la profession de marchand de bestiaux ; vous allez commettre un crime en ôtant la vie à un honnête homme. Nous sommes sur le territoire de Saze ; j'en appelle au témoignage du consul de cette commune, ou, si vous aimez mieux, de ceux des communes voisines, de Domazan, des Angles, de Rochefort. » — J'étais convaincu que pas un de ces magistrats, qui tous me connaissaient, ne me trahirait, quoique partageant les opinions du jour. — « Et si en face de ces magistrats je ne suis pas celui que je dis être, je consens à être fusillé sur la place publique, en présence de la population réunie. Le châtiment alors ne sera-t-il pas plus solennel et plus exemplaire ? Honnêtes citoyens, pourriez-vous refuser de sauver la vie à un homme innocent ? Qu'en pensez-vous ? Oh ! que je voudrais être à même de rendre à chacun de vous le même service ! Je n'hésiterais pas un instant à le lui rendre, dût-il m'en coûter, non pas seulement quelques pas que nous avons à faire, mais la vie même. »

« A ces mots prononcés sans trouble apparent et avec cette intrépidité que pouvait seule m'inspirer la présence de la divine Eucharistie que je portais respectueusement sur moi, ces hommes qui m'apparaissaient si terribles, si endurcis, et qui quelques heures après jetèrent l'épouvante dans Villeneuve-lez-Avignon, sont frappés comme de stupeur ; ils s'interrogent les uns les autres du regard, et alors que ma vie ou ma mort dépendait d'un mot échappé des lèvres du chef de la bande. — « Voilà un bon b..., s'écrie celui qui semblait commander ce ramassis de vagabonds, il n'a pas la mine d'un calottin ; il ne tremble pas. » — Dieu sait quels étaient alors mes sentiments et si mon cœur battait plus fort que de coutume. » — Il invoque la protection des lois et en appelle au consul de Saze ; il a raison, nous descendrons à Saze pour l'y fusiller avec plus de justice et légalement, s'il nous trompe. »

« Aussitôt on me saisit, on m'enchaîne, et c'est dans cet état que, sans fouiller ni dans mes poches, ni dans mon petit sac de berger, ni ailleurs, on me ramène au village. J'avais sur moi une petite custode renfermant la divine Eucharistie, un petit bréviaire sur lequel j'avais transcrit les formules pour l'Extrême-Onction et le baptême, ma petite croix, mon chapelet et quelques pièces d'argent. Chacun de ces objets pouvait me faire connaître de mes persécuteurs et me perdre. Dieu ne permit pas qu'ils eussent la pensée de me fouiller. Sous cette effroyable escorte je reprends la route qui conduit à Saze, et, dans le court intervalle qui nous en séparait, je me recommande vivement au Seigneur. Dans mes ardentes supplications, je m'efforçais de m'animer des sentiments des Apôtres, dont il est dit : « Qu'ils s'en allaient joyeux d'avoir été trouvés dignes de souffrir et d'endurer des outrages pour le nom de Jésus-Christ (1). » Seigneur, m'écriais-je du fond du cœur, être méprisé, souffrir et mourir pour vous, *contemni, pati, mori pro te*. Et je répétais encore ces paroles de saint Martin : « Seigneur, si je suis encore nécessaire à votre peuple, je ne refuse pas le travail, *si adhuc populo tuo sum necessarius, non recuso laborem*. J'étais prêtre, et s'il m'avait fallu mourir dans cette occurrence et de la main des bourreaux qui me conduisaient, je voulais mourir en prêtre, comme un brave au champ d'honneur; aussi étais-je décidé à décliner hautement mon vrai nom et mon titre honorable de prêtre, curé de Lédenon, dès l'instant où je m'apercevrais — ce qui était facile — qu'une surprise, une maladresse ou une trahison dévoilerait mon secret et me livrerait à une mort certaine. »

« Dieu, qui veille toujours sur celui qui marche dans la voie qu'il lui a tracée, vint à mon secours, d'une manière admirable et toute providentielle. Il n'envoya pas un ange, comme autrefois à Pierre dans la prison d'Hérode, pour me délivrer de mes chaînes, mais une personne connue, un ami : le consul de Saze, ceint de son écharpe et précédé du drapeau aux couleurs nationales, qui se rendait à Uzès pour y faire enrégimenter quelques conscrits réfractaires. Il était suivi de deux

(1) *Act.* V, 41.

ou trois gardes champêtres dont j'étais aussi connu. Dieu dispose tout avec une admirable sagesse pour atteindre ses fins. Nous n'entrâmes pas même dans Saze, quoique nous fussions aux portes du village. Le consul parla comme s'il eût été inspiré. A peine m'aperçoit-il étroitement garrotté au milieu des brigands qui se disent les représentants de la justice, que, simulant l'indignation, il s'approche de moi, et d'un ton menaçant et courroucé : — Te voilà, Tedor, me dit-il ; qu'as-tu donc fait ? Comment as-tu pu tomber entre les mains de la justice ? Je te croyais un honnête citoyen, et tu serais un scélérat ? Si tu es réellement coupable, je vais trouver les membres du district d'Uzès, tu vas augmenter le nombre de mes prisonniers ; marche avec nous. Puis, s'adressant au chef de la bande qui m'avait capturé : — Qu'a fait, lui dit-il, le citoyen Tedor, que j'ai toujours cependant reconnu pour un brave homme ? que lui reprochez-vous et de quel crime s'est-il rendu coupable ? Les gardes étaient attendris, et le commandant, presque confus, répond au citoyen maire : — Nous ne l'avons trouvé coupable d'aucun crime, et si nous l'avons saisi sur le territoire de ta commune, tout près d'ici, sur la route nationale d'Avignon, ce n'est que pour nous mieux conformer à l'esprit de la loi, par prévention et dans la crainte que ce ne soit ce sacré curé de Lédenon, qu'on dit aller partout et que personne ne peut prendre. Il faut en finir avec les fanatiques et les aristocrates ; il faut qu'ils disparaissent et que la France soit regénérée. Connais-tu le citoyen Tedor et en réponds-tu sur ta tête ?

« Sur la réponse affirmative du consul de Saze, dont il est prudent de taire le nom, on m'ôte les chaînes dont j'étais lié ; je suis rendu à la liberté. Bien plus, à la brutalité succèdent les excuses, et par ordre du maire, qui voulait ainsi cacher sa ruse, je suis confié à l'un des gardes qui l'accompagnaient et placé en apparence comme sous sa surveillance, mais en réalité pour être protégé au besoin dans la course qui me restait à faire. Je connaissais ce garde et j'en étais connu, aussi l'acceptai-je bien volontiers. Le maire, toujours prudent, nous indique un sentier par lequel on arrive plus promptement à la route nationale. La bande révolutionnaire, sans entrer dans Saze, reprend le chemin d'Avignon. Quand il s'est assuré qu'elle est déjà bien loin, il poursuit sa marche vers Uzès, avec le consolant témoignage que lui rend sa conscience d'avoir fait une bonne action.

« Je n'avais pu refuser d'être accompagné de ce garde ; il m'était cependant bien à charge, et la prudence s'opposait à ce que je lui fisse quelque révélation. Où donc aller le reste de la journée et la nuit suivante pour ranimer mes forces épuisées, et reposer ma tête affaiblie et tourmentée par de si vives émotions ? Ce ne pouvait être ni à Lédenon, ni dans le voisinage. Suivre la grande route et me rapprocher de Nîmes, c'était trop m'exposer, étant connu dans ces parages à peu près de tout le monde. Il était environ midi, et mon embarras n'en était que plus grand ; c'est l'heure où les oisifs, nombreux à Remoulins, qu'il me fallait traverser à cause du Gardon, circulent dans les rues, sont devant les portes des maisons et des cafés. O Providence, je ne cesserai de te bénir ! Au moment où j'étais le plus préoccupé de la nécessité de la présence de Mailhan, je le vois apparaître ; il se joint à nous, nous fait traverser le Gardon sans danger, et nous suit par des chemins détournés jusqu'aux environs de Saint-Bonnet. Au moyen des signes auxquels je l'avais initié, je lui donne rendez-vous pour le lendemain dans la grotte, et je le congédie conjointement avec le garde de Saze, qui plus tard me serait devenu incommode et gênant. Celui-ci était un brave homme qui m'était dévoué ; mais je ne voulais pas lui faire connaître le lieu de mon refuge, ce soir même, dans la crainte de compromettre l'honnête famille qui me donna l'hospitalité d'une manière si cordiale et si franche : c'était la famille de Boulbon, habitant une maison de campagne près du Vistre. J'y arrivai à dix heures du soir, et après un repas confortable et quelques instants de repos, je me remis en marche dans les ténèbres de la nuit, et avant le jour je rentrai dans ma grotte chérie, où je désirais si vivement d'arriver. Mailhan ne tarda pas à m'y rejoindre, m'apportant quelques provisions dont j'avais grand besoin. J'étais dépourvu de tout, sauf de quelques pièces d'argent qui ne pouvaient m'être d'aucun secours. »

VI

LES DEUX AMIS DANS LA GROTTE
EXCURSION A BOUILLARGUES

L'intrépide confesseur de la foi, fatigué de sa longue course, à peine arrivé dans la grotte, s'enveloppe d'une large couverture et s'endort sur son lit de pierre. Le soleil avait déjà paru à l'horizon, et il était plongé dans un profond sommeil, lorsque la voix amie et connue de son cher Timothée vint le réveiller. Pour dissiper toute crainte et se faire connaître, il avait coutume d'emprunter les salutations des premiers chrétiens, et ces paroles : — Loué soit Jésus-Christ, — frappèrent les oreilles du prêtre proscrit, qui répondit aussitôt : — Maintenant et dans tous les siècles. — Ils s'embrassèrent affectueusement, et l'ex-ermite déposa dans un coin de la caverne sa besace remplie de provisions de bouche. Après un court entretien, le digne prêtre prit son bréviaire, récita Matines et Laudes, et se disposa à célébrer la sainte messe. Mailhan déploya une petite nappe blanche sur une saillie du rocher, où fut placé l'autel portatif — une pierre sacrée. — Deux cierges furent allumés, un petit crucifix se dressa sur cet autel rustique de la grotte, où fut renouvelé le mémorial du grand sacrifice du Calvaire. Touchant spectacle qui rappelait les souvenirs de l'Eglise naissante ! Avec quelle piété angélique, quelle ardente ferveur priaient les deux apôtres persécutés, prêts à répandre leur sang pour rendre témoignage de leur foi ! Mailhan reçut la sainte Eucharistie, ce pain des forts qui rend les soldats du Christ invincibles dans les combats.

Après une longue action de grâces et un court repas, les deux amis s'entretinrent des tristes évènements qui affligeaient profondément tous les cœurs honnêtes et chrétiens. Mailhan, quoique un peu suspect, pouvait plus aisément, avec sa carte de civisme, son feutre orné d'une large cocarde nationale, n'étant pas prêtre, se mêler parmi les foules et connaître tout ce qui se passait dans cette France naguère si catholique, si heureuse, et alors livrée entre les mains des scélérats qui répandaient partout la désolation et le deuil. Les chefs de la Gironde avaient porté leurs têtes sur l'échafaud : la Montagne était triomphante. Le sang le plus pur ruisselait dans tous les départements, où se trouvaient établis des tribunaux révolutionnaires. Mailhan ne laissait rien ignorer à l'abbé Dorte. Il lui fit le récit de l'hécatombe des trente-deux Beaucairois (1), accusés de fédéralisme et guillotinés le même jour sur l'Esplanade à Nîmes.

(1) Un seul était de Vallabrègues, le sieur Allé. Quand il fut près de l'échafaud, il s'avança et voulut être exécuté avant son tour ; il reçut un soufflet du bourreau. Vers la fin de 1883, en démolissant une vieille maison, on trouva une lettre émouvante que cet infortuné adressait à sa femme le jour même de sa mort. Nous avons entre les mains cette lettre, où se révèlent les sentiments les plus nobles et les plus chrétiens. Il m'a été dit par un vieillard que le nom d'Allé remplaça celui de M. de J***, qui était sur la liste des condamnés. Des amis puissants sauvèrent la vie à ce dernier.

Un jour, lui dit-il, j'eus la curiosité de voir ce qui se passait dans un village, peu éloigné de Remoulins, où l'église profanée avait été convertie en temple de la déesse Raison. Je vis une montagne de terre placée à l'endroit où était le maître-autel. Elle était plantée d'arbustes, de genêts, de serpolets, de thyms et d'autres plantes agrestes qui croissent sur nos collines, et qu'avaient apportées des petites filles et de jeunes garçons. Au sommet trônait le buste de Marianne, coiffée du bonnet phrygien. Les femmes en grand nombre, armées de leurs quenouilles, filaient et s'amusaient beaucoup des réponses plus ou moins naïves et grotesques que faisaient les citoyens sommés par le président du club de s'épurer et de dire publiquement dans la chaire convertie en tribune ce qu'ils avaient fait pour la République : ce qu'ils appelaient s'épurer. Ah ! ils avaient grandement besoin de s'épurer ces sales sans-culottes souillés de boue et de sang. L'un disait : — Moi, j'ai taillé ses vignes, labouré ses oliviers, émondé ses mûriers. L'autre : — Moi, je suis un grand coupable, je n'ai fait guillotiner aucun aristocrate ; mais, citoyen président, je te promets d'être plus exact à remplir mes devoirs de patriote, de dénoncer tous les fanatiques que je connaîtrai, pour mieux me conformer à l'esprit de la loi. Il se passait dans ces réunions populaires des scènes si ignobles que ma bouche se refuse à vous les retracer. Les voûtes de la demeure du Dieu trois fois saint retentissaient de chants immondes et sanguinaires, dignes des Peaux-Rouges. Comme nos francs-maçons et nos athées, ils voulaient déchristianiser la France. Ces misérables s'efforçaient d'éteindre le flambeau qui, depuis bientôt deux mille ans, a dissipé les sombres ténèbres du paganisme et nous plonger dans les horreurs de la barbarie qu'a fait disparaître la croix.

Voici quelques-uns de ces couplets impies et sauvages :

Madame Veto (1) avait promis
De faire égorger tout Paris ;
Mais le coup a manqué
Grâce à nos canonniers.
Dansons la Carmagnole ; vive le son,
Vive le son
Du canon !

Ça ira, ça ira !
Les aristocrates à la lanterne ;
Ça ira, ça ira !
Les aristocrates, on les pendra.

O race de vipère,
Allez sur la terre étrangère
Porter vos statues et vos saints,
O maudits calottins !...

Suivaient des stances en l'honneur de l'Être-Suprême, où l'on faisait profession de n'adorer que la RAISON, cette prétendue déesse qui soufflait la haine et la vengeance dans tous les cœurs, dans ces mêmes lieux où la charité du Christ enseignait aux hommes à s'aimer comme des frères.

A peine Mailhan a-t-il achevé de prononcer ces dernières paroles, qu'on entend du bruit. Ils prêtent l'oreille et ne tardent pas à se convaincre que ce sont

(1) La Reine.

les alguazils de la Révolution qui sont à leur poursuite. Les brigands, qui avaient sillonné une très grande partie de la forêt, scruté toutes les cavernes et tous les taillis, fatigués de leurs longues courses, s'étaient arrêtés précisément sur le rocher sous lequel les deux fugitifs avaient cherché un asile. Ces derniers entendaient les cris de rage et de fureur, les paroles menaçantes de ces hommes sanguinaires qu'une marche forcée et l'insuccès de leurs recherches exaspéraient. Le moindre bruit fait par les pauvres proscrits pouvait les trahir et les livrer entre les mains de leurs persécuteurs. Tremblants, mais résignés, ils gardent un profond silence. Les brigands allumèrent un grand feu, et, après quelques instants de repos, ils s'éloignèrent et continuèrent leurs perquisitions.

Quand la nuit fut venue, l'abbé Dorte et son compagnon d'infortune résolurent d'abandonner la grotte et de se diriger sur Bouillargues. La prudence ne permettait plus aux catholiques les plus dévoués et qui étaient leurs pourvoyeurs de leur porter des vivres. Ils commençaient à être tourmentés par la faim, et le poste n'était plus tenable. La nuit était déjà avancée ; ils quittent les bords du Gardon, déguisés en paysans, se dirigent vers Bouillargues, gros bourg à cinq à six kilomètres de Nîmes. C'était, comme nous l'avons dit, le pays natal de M. Dorte. Là, vivait encore une de ses sœurs, qui lui donnait quelquefois l'hospitalité. Mais les sbires, qui en avaient été informés, faisaient de fréquentes visites dans la maison Dorte, et il fallait user des précautions les plus minutieuses pour déjouer les complots et l'astuce de ces hommes qui avaient soif de sang et surtout de celui du prêtre.

Après quatre heures de marche les fugitifs arrivèrent à Bouillargues. M. Dorte resta caché dans un champ de blé, tout près du village. L'ex-ermite, vêtu d'une large veste à basques, le hoyau sur l'épaule, entre dans la maison de Mlle Dorte, et, lui adressant la parole, lui demande de l'ouvrage. Le pauvre compagnon du prêtre proscrit fut peu rassuré en voyant la maison remplie de soldats qui faisaient des menaces à la sœur du curé de Lédenon, qu'ils recherchaient avec une ardeur satanique, mais sans résultat. Après avoir vainement scruté tous les moindres recoins de l'habitation, ils finirent par s'éloigner. La sœur de l'abbé Dorte fit comprendre à Mailhan que la prudence leur faisait un devoir de chercher ailleurs un asile, et même de quitter le village ; elle lui remit quelques provisions, qu'il apporta au saint prêtre, qui attendait avec anxiété le retour de son fidèle ami. Ils résolurent de retourner à la grotte.

Mais une pluie torrentielle ne leur permit pas d'exécuter leur dessein : c'était au mois de mai ; ils restèrent cachés dans le blé, craignant d'être découverts, car c'était l'époque où les femmes allaient aux champs ramasser la feuille de mûrier pour les vers à soie. Après une journée passée dans les plus cruelles angoisses, mouillés jusqu'aux os, à la faveur des ténèbres de la nuit, ils regagnèrent les bois de Lédenon, et arrivèrent dans la grotte, qui leur servit d'asile et les protégea contre la fureur de leurs ennemis.

VII

FIN TRAGIQUE D'UN PROSCRIT CACHÉ DANS LA GROTTE DE L'ABBÉ DORTE

Les forfaits des sans-culottes, approuvés par la Convention ou plutôt par le parti triomphant, qu'on appelait la *Montagne*, avaient tellement exaspéré les esprits dans la France entière, mais surtout dans le Midi, qu'il s'était formé une ligue, qu'on appelait la Fédération, pour arrêter l'effusion du sang et mettre un terme à ces brigandages et à ces massacres qui révoltaient la conscience publique. Sous le masque du patriotisme des scélérats, maîtres de l'autorité, pillaient, égorgeaient des citoyens honnêtes et inoffensifs et, sous prétexte de l'exécution des lois, après des simulacres de jugement, ne pensaient qu'à satisfaire leur ambition, leur haine particulière et leur insatiable cupidité.

L'effroi régnait partout, personne n'était sûr du lendemain. Il suffisait d'être dénoncé au tribunal révolutionnaire pour se voir appréhendé, incarcéré, jugé sommairement sans défense et guillotiné. Les délateurs étaient soudoyés et toujours crus sur parole.

Un grand nombre de personnes suspectes de modérantisme, de contre-révolution ou de peu d'affection pour le gouvernement tyrannique, qui opprimait la nation, avaient cherché un refuge dans les bois de Lédenon et de St-Privas, pour se soustraire à la fureur des hommes de sang qui composaient le tribunal révolutionnaire de Nîmes. Parmi ces infortunés était un habitant de cette dernière ville, appelé Paysac Cadet, ci-devant inspecteur des convois militaires, protestant, qui avait été mis hors la loi pour je ne sais quel crime imaginaire. Pour l'arracher aux poursuites d'une troupe de bandits, qui fouillaient la forêt, il avait été accueilli avec bonté par M. Dorte et caché dans sa grotte. Les sbires arrivent près de l'endroit où se trouvaient les deux proscrits, qui entendaient leurs propos sanguinaires. Les brigands finirent par s'éloigner. Le malheureux Paysac, saisi d'une frayeur extrême, fit part à voix basse de ses craintes au prêtre courageux, qui cherche à le calmer et l'exhorte à avoir confiance dans la protection divine. Il était armé d'un fusil, deux pistolets pendaient à sa ceinture. L'abbé Dorte s'efforce, mais en vain, de le dissuader de quitter sa retraite, l'assurant qu'il n'avait rien à craindre, qu'il était impossible que ceux qui ne la connaissaient pas pussent s'imaginer qu'il y avait là une caverne; qu'elle n'était connue que de deux ou trois personnes dévouées ; qu'il l'habitait depuis longtemps et qu'on n'avait jamais pu la découvrir. Il lui fit observer encore qu'il était imprudent d'en sortir et qu'il fallait attendre au moins le lendemain, s'il voulait à toute force le quitter.

Paysac Cadet persista dans sa résolution, malgré les sages conseils que lui donnait M. Dorte. Celui-ci le voyant décidé à exécuter son dessein, armé et dans un état d'exaspération extrême, lui dit paternellement : —

Mon frère, vous êtes armé, mais vous ne pouvez et devez faire usage de ces armes que dans le cas d'une légitime défense. Si les patriotes, envoyés à votre poursuite, vous atteignent, je vous en conjure, n'ayez pas recours à la violence, ne versez pas le sang de ces hommes qui ont reçu l'ordre de vous prendre et non de vous tuer. Le tribunal prononcera sur votre sort, et si vous êtes innocent, comme je le crois, car ce sont des hommes pervers qui persécutent les honnêtes gens, attendez avec fermeté que la justice rende son arrêt. Si vous êtes condamné, malgré votre innocence, vous mourrez martyr et vous n'aurez pas souillé vos mains du sang de vos frères. Du reste, les hommes méchants qui s'acharnent à votre perte, sont trop nombreux et, dans tous les cas, vous ne tarderiez pas à être leur prisonnier. Et alors vous pourrez vous rendre ce témoignage, qu'à l'exemple du divin Maître, vous mourrez innocent, et votre résignation et soumission à la Providence prouveront que votre cœur n'est pas aigri par la haine, et que, comme l'ordonne l'Évangile, vous savez pardonner à vos bourreaux.

Après lui avoir adressé cette paternelle exhortation et lui avoir fait promettre de ne pas faire usage de ses armes, le saint prêtre l'embrassa et lui dit adieu. Paysac sortit de la grotte, erra sur les bords du Gardon, cherchant à s'éloigner de la forêt que les brigands n'avaient pas encore quittée. Il tomba entre leurs mains, fut enchaîné et conduit à Nîmes, et comme il avait été mis hors la loi le 9 floréal, — 26 avril 1794, — il fut jugé, condamné à mort et guillotiné.

C'est un vieillard de Lédenon qui nous a donné les

détails qu'on vient de lire sur cette victime infortunée de nos discordes civiles et sa rencontre avec l'abbé Dorte, et l'auteur des *Documents officiels pour servir à l'histoire de la Terreur à Nîmes* se contente de le faire figurer parmi les 195 condamnés à mort par le tribunal révolutionnaire ; voici ce que nous y lisons :

« Liste des condamnés à mort par le tribunal révolutionnaire. Président Eymard.

....
....

Président Pallejay.

—

9 floréal (26 avril 1794).	Paysac Cadet, ci-devant inspecteur des convois militaires, protestant, de Nîmes, mis hors la loi (1).

(1) *Documents officiels pour servir à l'histoire de la Terreur à Nîmes*, p. 28).

X

L'ABBÉ DORTE A COLLIAS ET AU CHATEAU DE S.-PRIVAS

Tenant la promesse qu'il avait faite au respectable M. Joannis, l'infatigable apôtre profitait de l'obscurité de la nuit, et se rendait non seulement à Marguerittes et dans les localités circonvoisines, mais quelquefois jusqu'à vingt ou vingt-cinq kilomètres de distance de sa grotte pour administrer les sacrements aux fidèles que les opinions nouvelles n'avaient pu séduire, et qui regardaient toujours, comme le plus précieux héritage de leurs pères, la croyance aux dogmes de l'Église catholique, apostolique et romaine. Nous ne pouvons citer ici tous les pays où il porta les secours de la religion et où il courut les plus grands dangers ; mais nous croyons devoir mentionner deux traits particuliers de la vie de notre héroïque proscrit, où il est difficile de ne pas reconnaître l'intervention de la Providence en faveur des élus du Seigneur. Ils nous ont été racontés par une vieille femme de Collias qui en avait été témoin ; cette femme chrétienne est morte à l'âge de 89 ans.

1° COLLIAS. Le zèle suggère de pieuses industries pour déjouer les complots des méchants et échapper à leur astuce. Quand l'abbé Dorte devait se rendre dans un village, les bons catholiques, avertis avec prudence, se rendaient dans la maison où le ministre de Jésus-

Christ devait célébrer les saints mystères, entendre les confessions, distribuer la sainte Eucharistie, régénérer les nouveau-nés et unir les époux selon les rites de la sainte Église. Voici comment les fidèles de Collias étaient invités à se rendre au pieux rendez-vous, sans éveiller les soupçons des patriotes. Un enfant parcourait les rues en criant aux carrefours : — Que celui qui a perdu un livre se rende à la maison d'un tel, et on lui en donnera des nouvelles. Quelles étaient belles et touchantes ces réunions de ces courageux catholiques, bravant les menaces de l'impiété et venant retremper leurs forces dans la réception des sacrements !

Quelquefois ces réunions étaient troublées ou dispersées par l'apparition de figures sinistres qui étaient à la poursuite des victimes que cherchait leur haine ; mais, chose étonnante ! celui que leur fureur recherchait avec une ardeur satanique échappait toujours à leur rage. Le ciel veillait sur notre confesseur de la foi.

Malgré tous les soins que l'on prenait pour dérober à la connaissance des révolutionnaires les endroits où se rendait notre courageux proscrit pour remplir les fonctions de son ministère sacré, quelquefois les précautions les plus minutieuses n'aboutissaient pas et les nombreux espions de l'inquisition républicaine, qui avaient l'œil ouvert sur les démarches et les actes des chrétiens fidèles, finissaient par découvrir dans quelle maison il s'était réfugié. Spectacle nouveau et singulier ! Les bons étaient contraints de se cacher pour faire le bien dans ces jours néfastes, comme le font les méchants pour faire le mal.

Un homme était dangereusement malade ; catholique fervent, il ne voulait pas mourir sans se réconcilier avec Dieu. Il voulait purifier son âme dans le bain de la pénitence, recevoir l'absolution du prêtre et nourrir son âme du pain des forts. Athlète du Christ, il voulait être oint de l'huile sainte, lutter courageusement contre Satan sur son lit de mort, et mériter « la couronne que le juste Juge accorde à ceux qui ont gardé la foi jusqu'à la fin de leur course et combattre le bon combat », comme saint Paul. La famille entière, qui avait conservé les traditions catholiques, partageait les sentiments du moribond. M. l'abbé Dorte est appelé et il finissait à peine de prononcer les dernières paroles de l'absolution, lorsque des coups violents ébranlent la porte de la maison du malade, qu'on avait soigneusement fermée. Le prêtre se hâte de monter au grenier, de là passe par une lucarne, grimpe sur les toits et va se blottir en rampant derrière un tuyau de cheminée très haute, et il a soin de se tenir debout mais un peu courbé de manière à n'être pas aperçu de la lucarne. La frayeur s'était emparée des membres de la famille, qui étaient encore plus tourmentés par la crainte que le courageux apôtre ne tombât entre les mains des sicaires que par l'état de souffrance de l'infirme. On ouvre la porte, les patriotes entrent en proférant des blasphèmes et des menaces ; ils demandent avec insolence qu'on leur livre le curé réfractaire qu'on sait être dans la maison. — Cherchez, dit l'épouse du malade, M. Dorte n'est pas ici.— Malgré cette réponse, on fouille partout et on ne trouve rien. Un des plus hardis et dont le prétendu patriotisme était plus ardent, gravit l'escalier, monte jusqu'au grenier, passe la tête à travers la lucarne, et, armé d'une lanterne, jette les yeux sur les toits et n'aperçoit rien. Dieu veillait sur son digne ministre et ne voulait pas livrer entre les mains de ses bourreaux celui qu'il avait destiné à consoler et à affermir dans la foi tant d'âmes affligées et exposées aux plus grands périls.

2° Chateau de St-Privas. Dans ces temps profondément troublés, où la division régnait partout, il n'était point rare de voir dans la même famille le père fermement attaché aux saintes croyances et le fils, imbu des idées nouvelles, ardemment dévoué aux principes impies de la Révolution. On a vu dans ces jours néfastes des frères barbares dénoncer et pourchasser eux-mêmes leurs propres frères, sous le spécieux prétexte que ceux-ci conservaient un attachement inaltérable à la religion de leurs ancêtres et à la monarchie traditionnelle. — Soyons frères, ou je t'assomme, disait un jour à son ami un farouche partisan de la République : véritable fraternité de Caïn.

Au château de St-Privas, — près Remoulins, — un vieillard était atteint d'une maladie qui devait mettre fin à son existence. Chrétien sincère et plein de foi, il désirait vivement recevoir les consolations que la religion prodigue à ce moment suprême. Son gendre, sans-culotte forcené, n'aurait jamais permis qu'un prêtre pénétrât dans sa maison ; que dis-je ? il l'aurait dénoncé et fait saisir par les agents de l'autorité municipale pour le livrer au tribunal révolutionnaire, c'est-à-dire à la mort. La famille entière, à l'exception de ce membre perverti par de funestes doctrines, très attachée aux

6

traditions catholiques, était dans la plus grande anxiété. Elle redoutait cet homme sans cœur, et, d'un autre côté, elle ne voulait pas laisser mourir ce vénérable et pieux vieillard sans qu'il reçût les derniers sacrements. On fait part à M. l'abbé Dorte de l'embarras dans lequel on se trouve. Le prêtre courageux, prêt à tout braver, quand il s'agit du salut d'une âme, accepte la délicate et difficile mission de confesser et d'administrer le moribond. Les mesures de prudence sont prises : à minuit, l'abbé Dorte déguisé, la tête coiffée de ce large chapeau rond dont se servent les femmes provençales et languedociennes de la vallée du Rhône pour les travaux des champs, affublé d'un manteau de femme, entre dans la maison du malade ; il avait quitté sa chaussure pour ne pas éveiller par le bruit de ses pas le gendre patriote qui dormait d'un profond sommeil dans une chambre voisine. Le mourant se confesse, communie, reçoit l'Extrême-Onction, et, après avoir accompli les fonctions de son ministère, le prêtre se retira ; ce ne fut que plus tard que le gendre apprit que son beau-père avait été administré avant sa mort. La charité catholique enfante seule de pareils prodiges d'abnégation, et ce n'est que dans le cœur d'un vrai ministre de Jésus Christ qu'on peut trouver tant de dévouement et d'héroïsme.

IX

RECRUDESCENCE DE LA FUREUR DES SANS-CULOTTES. — LA TÊTE DE L'ABBÉ D'ORTE EST MISE A PRIX. — ORGIE ET PROFANATIONS.

Les temps devenaient de jour en jour plus mauvais. La persécution prenait un caractère d'autant plus odieux et barbare, que les efforts des révolutionnaires étaient impuissants contre le courage héroïque des vrais catholiques, inébranlablement attachés à la foi de leurs pères. L'inutilité des recherches pour trouver l'insaisissable curé de Lédenon avait porté leur fureur à son paroxysme. On faisait partout des arrestations, on incarcérait les hommes suspects de *fanatisme* et de *modérantisme*, ou manque de dévouement à la République. L'invasion du district d'Uzès par les troupes patriotes répandait la terreur principalement dans le canton de Remoulins. Le bruit de l'arrestation du curé réfractaire, si ardemment poursuivi, était arrivé aux oreilles des premiers magistrats du département. La suspicion devint générale et les perquisitions plus actives. Le maire de Saze fut révoqué, ses biens confisqués, quoique l'on n'eût pas la moindre preuve constatant qu'il avait favorisé l'évasion du proscrit. On fit subir les plus indignes traitements à un grand nombre d'habitants de Lédenon et de la banlieue, et, malgré leurs menaces et leurs sévices, les satellites de la Révolution ne purent arracher à ces fervents catholiques, dévoués à leur pasteur, la moindre parole compromettante, ou qui pût même faire soupçonner sa présence dans le pays.

Cependant, elle était connue au loin et dans un grand nombre de villages, et il s'était écoulé peu de jours, pendant les deux années de la persécution, sans que plusieurs eussent vu l'intrépide curé ou eussent reçu de lui les sacrements. Il est même très probable que quelques-uns d'entre eux connaissaient le lieu de sa retraite par les fréquentes visites qu'il recevait de Mailhan, qui, depuis longtemps n'était plus regardé comme le berger, mais comme le fils de Boyer, ce catholique à l'âme ardente et intrépide. Le secret fut fidèlement gardé. Dieu voulait conserver les jours si précieux de son héroïque ministre.

On n'ignorait pas, dans le district d'Uzès, que l'abbé Dorte n'avait pas suivi l'exemple d'un grand nombre de ses confrères, qu'il n'avait pas émigré, quoiqu'il fût porté sur la liste des prêtres qui avaient quitté la France (1). On en concluait qu'il devait être dans Lédenon ou dans le voisinage, et l'on convint qu'aux mesures déjà prises depuis longtemps on joindrait des mesures nouvelles et qu'on regardait comme plus efficaces, afin de s'emparer de ce rebelle obstiné, qui échappait à tous les pièges tendus par la ruse et se jouait des moyens employés par la force ; sa tête fut mise à prix. Une forte somme fut promise à celui qui indiquerait le lieu de sa retraite et à celui qui montrerait le plus

(1) 9 ventôse an II de la République (29 février 1794). *Archives de la Préfecture*, série L.

de zèle et d'intrépidité pour s'emparer de lui. Cet arrêté fut pris et publié à Uzès, sanctionné par le tribunal révolutionnaire de Nîmes, et il fut également publié dans tous les districts du département du Gard et des pays circonvoisins. On voulait en finir avec ce maudit curé de Lédenon, l'avoir entre les mains, ou être assuré de sa fuite ou de sa mort.

En moins de huit jours, chaque club ou comité révolutionnaire avait envoyé son contingent de bandits ; Lédenon et les villages voisins en regorgent. Les soldats sont logés à discrétion dans chaque maison désignée. Ils sont en si grand nombre qu'ils se répandent dans les campagnes, où ils commettent toute sorte de dévastations. Les citoyens les plus paisibles ont à souffrir de leur insolence et de leur brutalité ; quand ils se permettent de leur faire quelques observations, ils sont menacés de mort ; quelques-uns sont conduits en prison, d'autres voient leurs biens séquestrés. La terreur règne partout ; les maisons aisées ou opulentes du voisinage, jusques-là épargnées, sont livrées au pillage ; quelques-unes deviennent la proie des flammes, dans l'espoir que l'incendie fera périr le curé fanatique s'il y a cherché un refuge, ou qu'il arrachera quelque aveu à la bouche des timides et des lâches. On menace de brûler la commune entière de Lédenon, celle de Cabrières; on redouble de rigueur, on incarcère encore des pères de famille, d'autres maisons et d'autres propriétés sont livrées au pillage. Mais dans cette paroisse de Lédenon, bénie du ciel, paroisse d'élite, il ne se rencontre que des cœurs dévoués à leur pasteur, pas de Judas, pas de traître séduit par la cupidité, pas une bouche ne s'ouvre. pour livrer à ses bourreaux un père bien-aimé, et tous auraient volontiers sacrifié leur vie et emporté leur secret dans la tombe plutôt que de le révéler aux sicaires. Constance héroïque, digne des plus beaux jours de l'Église primitive !

Les églises avaient été converties en temples de la *Raison*. Le décadi avait remplacé le dimanche. Un de ces jours fêtés par les sans-culottes, pour pervertir plus aisément les fidèles habitants de Lédenon, les bandits organisèrent un grand banquet dans le lieu saint. Tous les habitants du village furent sommés d'y prendre part ; quelques-uns, faisant semblant de partager les opinions républicaines, vinrent s'y asseoir, ayant à leur tête le consul Cadière, très dévoué à l'abbé Dorte, dont celui-ci connaissait les bonnes intentions et qui lui rendit en maintes circonstances les services les plus signalés. Pour mieux le faire connaître, nous nous contenterons de citer le trait suivant : — Cadière se rendit un jour à la maison Boyer, — c'était au plus fort de la Terreur, — il savait que le curé y était caché. — Je sais, dit-il au père Boyer, que l'abbé Dorte est dans votre maison ; je veux le voir et je veux qu'il vienne manger un dindonneau chez moi. — « Vous êtes dans l'erreur, lui répondit celui-ci, il n'est point dans ma maison. » Le curé y était réellement, et Boyer lui dit : — « Cadière est venu vous inviter à souper chez lui, je lui ai répondu que vous n'étiez pas dans la maison. » Le lendemain, Cadière revint encore et renouvela son invitation. L'abbé Dorte se montra et alla souper chez le maire, qui, toujours averti de la descente prochaine des brigands, prévenait son curé afin qu'il pût se dérober à leur poursuite.

Quelques joueurs aux boules refusèrent opiniâtrement de prendre part au festin des patriotes ; ils furent enchaînés et conduits en prison à Beaucaire. Ils ne furent pas les seuls à être incarcérés. L'appât d'une forte somme promise à celui qui découvrirait la retraite de l'abbé Dorte et s'emparerait de lui suggérait aux sans-culottes les moyens les plus iniques et les plus révoltants. Quelques-uns d'entre eux se rendirent à la maison Boyer, saisirent une de ses petites-filles, nommée Anne, à peine âgée de sept ans, pour la conduire à Beaucaire, où plusieurs membres de sa famille étaient en prison. Ils montèrent à cheval, la prirent en croupe, la menaçant, chemin faisant, de lui couper la tête, si elle ne révélait pas l'endroit où se cachait l'abbé Dorte. L'enfant s'obstina à dire qu'elle n'en savait rien. Dans la prison, on la mit en face de son père, qui l'exhorta à garder le silence. Les barbares reculèrent devant l'horreur d'un nouveau crime, ils laissèrent la petite fille tranquille. Quelques jours après, Robespierre reçut le juste châtiment de ses forfaits, et tous les prisonniers furent élargis.

Cependant, l'église de Lédenoné tait souillée, profanée par l'orgie des scélérats, qui mangeaient, buvaient et faisaient retentir les voûtes du lieu saint de hurlements, de blasphèmes et de chants obscènes. Pour couronner leurs saturnales, ils allumèrent un grand feu sur la place ; les tableaux, les statues, les ornements, les vêtements sacerdotaux et tout ce qui avait échappé à la rapacité de ces vandales furent dévorés par les flammes. Le confessionnal fut précipité du haut du clocher. Heureusement, une main pieuse avait pu soustraire à leur sacrilège impiété les statues vénérées de saint Cyr et de sainte Julitte, patrons de la paroisse.

Une bande de patriotes ivres se saisirent du jeune Martin Valat, qui était le servant de messe de l'abbé Dorte, et le contraignirent, le sabre levé sur sa tête, d'aller avec eux explorer les bois et les bords du Gardon pour trouver l'introuvable curé récalcitrant. Ils marchèrent longtemps, fouillèrent les taillis, quelques cavernes, mais sans rien découvrir. Un habitant de Lédenon, homme sûr et dévoué, qui connaissait la grotte où se cachait le saint proscrit, quand ils furent près de cet endroit, s'amusait à jeter dans la rivière des pièces de monnaie, que le jeune Valat, excellent nageur, allait chercher en plongeant ; c'était pour détourner l'attention des bandits, qui, doublement stimulés par la soif de la vengeance et par la cupidité, poursuivaient leurs investigations avec une sorte de frénésie. Toutes ces investigations furent vaines, et ils retournèrent auprès de leurs frères et amis mécontents et furieux de ne pas voir leurs efforts couronnés de succès.

X

ÉTAT DÉSESPÉRÉ DE L'ABBÉ DORTE. — SECOURS PROVIDENTIELS. — TRÊVE MOMENTANÉE DE LA PERSÉCUTION.

La maison Boyer était occupée par les bandits, et toutes les avenues en étaient soigneusement gardées. Disséminées dans tous les lieux d'alentour, des sentinelles étaient toujours en observation, et les visites à la grotte étaient conséquemment moins fréquentes et les provisions de bouche du saint proscrit devenaient plus rares. Jusques-là, et pendant plus de deux ans, par l'entremise de Mailhan, la famille Boyer surtout avait pourvu au nécessaire et adouci l'amertume de ses longues et cruelles souffrances. Mais depuis plus d'un mois le fidèle pourvoyeur n'avait pu, sans imprudence, — imprudence qui eût coûté la vie à tous deux, — se rendre auprès de son bon père. Quelque soigneux qu'eût été l'abbé Dorte de ménager ses vivres, ne mangeant que pour ne pas mourir de faim, les vivres finirent par lui manquer totalement. Laissons la parole à M. l'abbé Jury-Joly, auquel notre confesseur de la foi a raconté lui-même les angoisses de ce drame émouvant où se révèlent en même temps et la résignation sublime du pasteur et la bonté miséricordieuse de la Providence :

« — Il ne me restait plus une miette de pain, dit

M. Dorte, et je n'avais plus la ressource de sortir quelques instants de ma grotte pour me procurer quelques racines et certaines herbes que j'avais si souvent broyées entre les dents pour étancher ma soif. Les misérables s'étaient répandus dans tout le désert, dont ils occupaient la vaste étendue. Une trentaine de cavaliers vinrent s'établir sur le plateau qui domine la forêt et au-dessous duquel se trouvait la grotte, séparée par un précipice qu'ils n'osèrent franchir. J'entendais leurs infâmes propos et les paroles de mort qu'ils prononçaient contre moi. Tout en m'occupant de mieux fermer encore l'étroite ouverture de ma caverne, j'eus la douleur d'en reconnaître six ; c'étaient des hommes auxquels j'avais fait du bien. Ah ! Dieu m'est témoin que, loin de les maudire, je priais pour eux du fond de mon cœur, et, comme mon divin Maître sur la Croix, je lui disais : Mon Dieu, pardonnez-leur, ils ne savent ce qu'ils font. Ils campèrent six jours entiers sur le plateau, et le septième, à six heures du matin,— c'était un samedi,— les échos des montagnes renvoient jusqu'à ma grotte le bruit terrifiant des clairons ; des cris tumultueux se font entendre. Je me jette à genoux malgré mon extrême faiblesse ; je consomme en viatique la divine Eucharistie, dont je m'étais réservé une petite parcelle, et, croyant ma dernière heure arrivée, je récite les prières des agonisants. Comme une lampe qui avant de s'éteindre jette une vive et fugitive étincelle, le sentiment de la conservation de mon existence se réveille, mon cœur de prêtre bat plus fort que jamais dans ma poitrine ; il semble me reprocher ma lâcheté, et quelque chose de trop humain dans ma crainte de la mort. Non, non, prêtre de Jésus-Christ, je ne dois pas mourir sans montrer le courage d'un véritable apôtre de sa loi sainte. Je sortirai de ma retraite ; je confesserai Jésus-Christ ; je révèlerai ma qualité de prêtre en face de mes ennemis et des ennemis de l'Eglise. Mon sang versé pour la foi me vaudra la palme du martyre et effacera les souillures de mon âme, que n'a pu depuis longtemps purifier l'absolution sacramentelle... Animé de ces sentiments, et pouvant à peine me soutenir, après des privations sans nombre et un jeûne absolu de sept jours, dévoré d'une fièvre ardente, occasionnée par la famine, et plus encore par la soif, je quitte ma grotte dans l'espoir de consommer plus noblement mon sacrifice... Quel n'est pas mon étonnement ! je n'entends plus de bruit ; je regarde autour de moi, je ne découvre personne, et avec les plus grands efforts je me traîne sur le plateau. Je respire plus librement, le grand air semble me faire du bien ; mais en rafraîchissant mes poumons, il ne me satisfait pas l'estomac, et n'étanche pas la soif ardente qui me brûle. Mes souffrances, à ma surprise, ne font que s'accroître. Je me redresse avec peine, et comme instinctivement je m'achemine péniblement vers l'endroit où avaient séjourné les chevaux. Je m'arrête, et, chose difficile à croire, mais vraie néanmoins, je m'incline et prends leurs crottins que je mets dans ma bouche et je les avale ; je courbe mon front dans la boue et je m'abreuve de leurs urines. Soit répugnance, soit tout autre cause, mon estomac rejette bientôt cet aliment et cette boisson fétides.

« Ma résolution bien arrêtée était de mourir en prêtre et pour la cause de l'Eglise ; j'allai à la recherche de mes persécuteurs. Avant de quitter le plateau, je jette d'un œil affaibli un dernier regard sur les collines d'alentour, et j'aperçois, sans le reconnaître, au sommet de la plus éloignée, du côté du nord, un homme courant plutôt qu'il ne marche et à plus d'une heure de distance. C'était Mailhan, mon ami dévoué ; il arriva en un instant auprès de moi. Mailhan ne put jamais se rendre compte à lui-même de l'endroit où il s'était procuré des provisions ni de sa présence auprès de son ami.

« Il revenait d'Uzès, où il avait assisté à la proclamation (27 juillet 1794) de la chute de Robespierre ; la liberté était rendue aux proscrits et toutes les portes des prisons étaient ouvertes. Il savait dans quelle triste position je devais me trouver et il m'apportait, avec l'heureuse nouvelle de la fin de mes souffrances, des secours abondants pour rassasier ma faim et étancher ma soif. »

Mailhan ne resta pas longtemps avec l'abbé Dorte. Il fut envoyé à Nîmes, pour prendre de plus amples et plus sûres informations. Le lendemain, dimanche, le pasteur se trouva au milieu de ses chères ouailles, et dans l'église presque en ruines il chanta en actions de grâces, avec son fidèle Achate et tout son troupeau, l'hymne de la délivrance.

XI

LA FIN DE LA TERREUR. — ALTERNATIVE DE TRÊVES ET DE PERSÉCUTIONS. — TROISIÈME GROTTE

La chute du tyran mit fin aux exécutions sanglantes du régime exécré de la Terreur. La France, indignée contre les forfaits horribles dont se souillait le Jacobinisme, poussa le cri d'alarme qui fut entendu. Le sang le plus pur cessa de couler; les prisons, qui regorgeaient de captifs dont le seul crime était de garder intact le dépôt sacré de la religion de leurs pères et la fidélité à la monarchie traditionnelle, furent ouvertes, et la liberté leur fut rendue. L'abbé Dorte, qui, pour dérober sa tête à la hache du bourreau, se cachait dans l'épaisseur des bois et les antres des rochers, profita des jours de calme et de liberté que la Providence faisait luire sur notre malheureuse patrie. Comme nous l'avons dit, le pasteur reprit sa houlette et revint, non plus déguisé, mais ostensiblement, reprendre la direction de son cher troupeau. — Quand il parut dans Lédenon, ses bons paroissiens l'entourent et lui prodiguent à l'envi toutes les marques de la vénération profonde, de l'affection sincère et de la haute admiration que méritaient son dévouement et son courage héroïque pendant les jours de tribulations et d'épreuves. Les échos d'alentour répétaient les accer.ts de leur reconnaissance et de leur bonheur. Les enfants baisaient la main et la soutane du saint prêtre.

Ce peuple éminemment catholique, sous l'impulsion de sa foi ardente, seconda les efforts du pasteur pour relever les ruines que le vandalisme révolutionnaire avait amoncelées dans l'église et le presbytère. Le sanctuaire fut purifié, orné de peintures à fresques par les soins de M. Dorte, car il s'entendait en tout et rien ne lui était étranger, quand il s'agissait de la gloire de Dieu et du salut des âmes. La chaire, le confessionnal, les tableaux et autres meubles incendiés furent remplacés. La sacristie fut pourvue d'ornements sacerdotaux et de vases sacrés, et, grâce au zèle du digne confesseur de la foi et à la générosité des fidèles, tout fut réparé, et rien ne manquait pour la célébration des saints mystères et la pompe du culte. Le pasteur et le troupeau bénissaient la Providence qui avait mis un terme à tant de calamités et tant de désastres, et dans la perspective d'un avenir calme et serein ils commençaient à jouir des douceurs d'une paix qui, hélas ! devait être éphémère.

1795. « Malheureusement, cette éclaircie au milieu de la tempête ne dura pas longtemps. La Convention, avant de se retirer, renouvela les anciennes lois de déportation et de réclusion contre les prêtres, par son décret du 3 brumaire an IV (25 octobre 1795). Cette persécution fut moins violente à Nîmes que dans d'autres contrées et ne fit pas couler le sang ; elle dura jusques vers la fin de juillet 1795 (1). »

(1) *Les Évêques de Nîmes au XIXe siècle*, par l'abbé Goiffon, p. 245.

Dans les jours de calme et où le confesseur de la foi pouvait sans trop d'imprudence paraître en public et en certains endroits, il en profitait pour quitter la caverne si incommode du territoire d'Argilliers, et il la quittait volontiers, quoiqu'elle lui ait été plusieurs fois très utile. Toujours travesti et précédé du fidèle et vertueux Mailhan, à la distance d'environ cent pas, ils traversaient les forêts des communes pour descendre, facilement reconnu de ses paroissiens Dans l'impossibilité de paraître dans l'église paroissiale, un sanctuaire nouveau, un autel avec ses accessoires, étaient improvisés dans une vaste remise du père Boyer, où le jour suivant les pieux catholiques entendaient la sainte messe.

Mais, surtout après l'arrêt de proscription du 25 octobre, le terrorisme assoupi se réveilla et s'accentua avec une sorte de rage et de fureur contre la religion et ses ministres. De nouvelles défenses furent adressées à tous les habitants de la commune. Des bandes indisciplinées se dirigent sur Lédenon, se livrent à toutes sortes d'excès, répandent les bruits les plus alarmants et publient partout qu'il y a peine de mort non seulement contre le curé réfractaire, mais encore contre celui qui serait reconnu l'avoir recélé ou lui avoir prêté un secours quelconque. Comme on peut se l'imaginer, Lédenon était dans la consternation ; mais ses habitants ne perdirent pas courage. Ils firent bonne figure à ces forcenés, les invitant à boire et à manger, les attirant surtout vers la partie basse du village, du côté de la fontaine. Là, on transporte plusieurs tonneaux de vin, on dresse une immense table chargée de mets et de provisions de toute sorte. Aucun ne fait défaut à l'invitation. Les imprudents! Bientôt ils semblent avoir perdu le sentiment même de leur existence. Il eût été facile de se défaire d'eux, ou tout au moins de les désarmer, si tout eût dû en rester là.

Sous la surveillance des catholiques de Lédenon, plus en état de manier les armes que ces misérables, et tandis que ces scélérats se livraient encore à ces dégoûtantes orgies, l'incomparable Mailhan et l'abbé Dorte quittaient pour la troisième fois la maison du vieux Boyer, qui se trouvait au haut du village, pour s'éloigner encore de la paroisse et se réfugier de nouveau dans une troisième grotte, entre Lédenon et Collias, distante de plus d'une heure. — « Je m'en allais plein de joie, disait à son compagnon de route l'apôtre intrépide, heureux d'être trouvé digne de souffrir encore la persécution pour le nom de Jésus-Christ. Nous étions enfoncés dans la forêt, et, tout occupé de rendre grâce à Dieu de m'avoir retiré sain et sauf de la dent cruelle de ces tigres à face humaine que nous venions de quitter à Lédenon, je récitais le *Te Deum*. Mailhan, sombre et silencieux, cheminait devant moi ; ses yeux de berger expérimenté brillaient comme des escarboucles, se portant tour à tour dans le lointain et dans les touffes d'arbustes sauvages qui l'environnaient. Tout à coup il s'arrête ; je le vois pleurer ; il sanglote, malgré lui ; je l'aborde, me croyant bien éloigné de ma nouvelle demeure. Qu'est-ce, lui dis-je ? Qu'avez-vous, mon cher Mailhan ? Et pourquoi pleurez-vous ? — Ah! mon Père, me dit-il, c'est que nous sommes arrivés, et que voici le moment de nous séparer, sans savoir si j'aurais encore le bonheur de vous revoir. — Quoi donc ! lui répondis-je, nous sommes arrivés à la grotte ? Elle n'est donc pas bien éloignée de Lédenon ? Où est donc la grotte ? — Mon père, la voilà ! En effet, la grotte existe, j'en suis sûr, puisque je l'ai habitée pendant deux ans, non sans y souffrir beaucoup, mais on ne l'aperçoit pas, et il fallait la longue pratique de Mailhan dans le métier de berger pour avoir fait cette découverte, qui m'a été si utile, et à laquelle je dois probablement de vivre encore. »

M. Dorte entra dans la grotte avec son ami ; il l'examina attentivement et trouva qu'elle serait beaucoup plus commode que les deux autres, qui lui avaient servi de refuge durant les premières années de la persécution (1). Il plaça sur une saillie du rocher la pierre sacrée qu'il portait sur lui, y déposa un petit crucifix et, à côté, une statuette de la Vierge. Mailhan avait déposé dans une anfractuosité de la caverne une couverture et quelques provisions de bouche. Le saint prêtre et son pieux acolyte tombèrent à genoux, récitèrent le *Sub tuum præsidium*, se relevèrent, se tinrent longtemps embrassés, les yeux inondés de larmes, et après de déchirants adieux, Mailhan reprit le chemin de Lédenon et le confesseur de la foi, fatigué par la marche, éprouvé par tant de cruelles émotions, s'enveloppa de sa couverture, s'étendit sur le sol et s'endormit d'un profond sommeil.

(1) Voir, pa 73, 74, la description de la grotte.

XII

A QUELLE ÉPOQUE M. DORTE REVINT-IL REPRENDRE POSSESSION DE SON POSTE A LÉDENON ?

M. Deyland, curé actuel de Lédenon, que nous avons consulté, afin d'avoir la date précise du retour définitif de M. Dorte dans sa paroisse, nous a répondu que les archives de la fabrique ne contiennent rien concernant ce courageux ministre de J.-C. ; que celles de la commune avaient été brûlées, et qu'il ne pouvait me donner aucun renseignement à ce sujet. Le plus ancien registre de catholicité ne date que de 1804 et ne porte pas la signature de Dorte, curé de Lédenon.

Après la chute de Robespierre, il y eut alternativement des jours de calme et des jours d'orage, jusqu'à l'époque de la pacification en 1800.

En 1796, après la persécution, qui dura jusqu'au mois de juillet, les prêtres reparurent plus nombreux que la première fois et purent continuer leurs fonctions jusqu'au mois de septembre 1797. Cette persécution fut moins violente à Nîmes que dans d'autres contrées et ne fit point couler le sang.

La paix semblait pour toujours assurée, lorsqu'au mois de septembre le gouvernement républicain exigea de tous les prêtres le serment de *haine à la royauté*. Pour la troisième fois les églises furent fermées ; la persécution recommença plus terrible qu'auparavant ; bientôt les cachots regorgèrent de prêtres prisonniers, dont plusieurs tombèrent sous les balles des commissions militaires, tandis que d'autres allèrent mourir de misère sur les pontons destinés à les déporter dans la Guiane (1).

Cependant nous voyons plusieurs prêtres du Gard, revenus de l'exil, exercer librement les fonctions du saint ministère, ce qui prouve que la persécution ne fut pas générale, même après l'arrêté du mois de septembre 1797. Les registres de catholicité de Domazan contiennent les actes baptême, etc., signés par M. Gilbert, qui y exerça les fonctions de curé à son retour d'Italie, à partir du mois de février 1797 et les années suivantes, jusqu'en 1801, époque de sa mort.

M. Dorte, curé de Lédenon, signalé et poursuivi comme un des prêtres réfractaires les plus dangereux, très probablement ne dut revenir au milieu de ses paroissiens ostensiblement, que lorsque les troubles qui agitaient la France eurent cessé, et que la paix fut solidement établie. Le courageux confesseur de la foi nous apprend lui-même qu'il resta caché dans sa troisième grotte, qui lui servit de refuge, pendant plus de deux ans, après la chute de Robespierre ; nous re-

(1) *Les Évêques de Nîmes au XVIIIe siècle*, par l'abbé Goiffon, pages 246-7 :

1° JEAN-LÉON CAIROCHE, né à Nîmes, vicaire des Salles du Gardon. Il chante le *Miserere* en marchant à la mort, 1798.

2° JEAN-BAPTISTE ROBERT, ancien curé-prieur de Puy-Laurens, dans la Lozère, exécuté le 20 vendémiaire an VIII (11 octobre 1799). *Ibid. ut suprà.*

gardons donc comme très probable la version de M. Dugas, qui affirme, d'après le témoignage d'un homme très digne de foi, qui lui a fourni de nombreux renseignements, que M. Dorte a repris l'exercice de ses fonctions pastorales et célébré les saints mystères dans son église paroissiale en 1800.

Il quitta sa grotte, quand les temps furent moins orageux. Il put d'abord habiter la chaumière isolée du pauvre et se rapprocher peu à peu des habitations. Il rentra enfin dans sa paroisse, aux acclamations des fidèles qui avaient traversé comme lui le torrent de la persécution.

Qui dirait le bonheur et l'allégresse que sa présence apportait parmi eux? La population fondait en larmes : le pasteur et le troupeau mêlaient les souvenirs de leurs longs malheurs dans un commun sentiment de joie et d'espérance.

TROISIÈME PARTIE

APRÈS LA TERREUR

I

L'ABBÉ DORTE QUITTE LÉDENON. — IL EST NOMMÉ CURÉ DE SOMMIÈRES. — L'ABBÉ BONAVEL. — CONCORDAT.

L'abbé Dorte n'avait d'autre ambition que celle de travailler à la sanctification du troupeau que la Providence lui avait confié, et son humilité lui faisait redouter les honneurs et les postes importants auxquels ses rares qualités d'esprit et de cœur lui donnaient le droit de prétendre. Rester inconnu et faire le bien dans sa modeste sphère était son unique désir, et il s'attachait de plus en plus à cette chère et chrétienne population de Lédenon, qui lui avait donné des preuves si nombreuses et si éclatantes de son dévouement sans bornes, surtout aux plus mauvais jours de la persécution. Mais Dieu ne voulait pas que la lumière restât plus longtemps sous le boisseau, et il destina notre héroïque confesseur de la foi à rendre à son Église des services plus importants en lui donnant à défricher une partie plus considérable du vaste champ du Père de famille, où il pût donner en même temps un plus libre cours à l'activité de son zèle infatigable. Son humilité fut soumise à de rudes épreuves.

D'abord l'évêque de Montpellier le dispute à l'archevêque de Bordeaux. Ces deux prélats, qui connaissaient les grands talents du modeste curé de Lédenon, désiraient vivement se l'attacher en qualité de grand-vicaire. Les lettres les plus séduisantes et les plus flatteuses lui furent adressées de ces deux villes, dans lesquelles Leurs Grandeurs lui certifiaient que le gouvernement agréerait le choix qu'elles avaient fait du titulaire, n'attendant plus que son propre consentement. Si le pasteur se fût décidé à se séparer de ses ouailles chéries, il aurait préféré la vieille cité d'Aquitaine, où ses dernières prédications avaient produit des fruits si abondants de grâce et de salut pendant la station du Carême en 1789. Avant de s'en ouvrir à ses amis, il consulta Dieu et sa conscience, et il crut devoir refuser la nouvelle dignité que lui offraient les deux prélats ; il ne voulut pas même accepter un camail honoraire. On ne le vit revêtu de cet insigne d'honneur que dans l'église abbatiale de Saint-Gilles, presque aux derniers jours de sa vie, à la prière de l'un de ses enfants spirituels. M. l'abbé Boucarut, guidé par un juste sentiment de reconnaissance, obtint pour son mentor et son bienfaiteur, de Mgr de Chaffoy, premier évêque de Nîmes depuis la Restauration, cette récompense bien méritée de nombreux travaux et d'un zèle vraiment apostolique. L'excellente population de Lédenon, ayant appris le refus de M. Dorte, ne savait comment lui en témoigner sa gratitude ; elle s'efforçait de lui donner chaque jour de nouveaux gages de son affection et de son dévouement. Elle espérait le posséder longtemps encore ; mais elle fut trompée dans son espérance. Le pasteur fidèle qui aimait si tendrement son troupeau, et dont la modestie et l'humilité lui faisaient dédaigner et redouter en même temps les hautes dignités de l'Eglise, ne cherchait en tout que la gloire de Dieu, n'avait d'autre volonté que celle du supérieur hiérarchique auquel il avait solennellement promis obéissance. Or, la volonté de Dieu, exprimée par celle de Mgr Périer, évêque d'Avignon, dont les départements de Vaucluse et du Gard formaient le diocèse, l'appelait à l'importante cure de Sommières.

Cher peuple de Lédenon, ta joie fut de courte durée. Ah ! qui dira ses regrets et sa tristesse, quand il apprit le départ du pasteur bien-aimé ? L'abattement se manifestait sur tous les visages : un long voile de deuil, pour ainsi dire, s'étendit sur cette paroisse, moins courageuse dans cette circonstance qu'elle l'avait été en face des persécuteurs et des bourreaux.

M. Dorte, non moins attristé, mais plus résigné, craignant d'augmenter la tristesse de ses paroissiens et redoutant de déchirants adieux, cessa toute fonction pastorale dès qu'il fut nommé curé de Sommières, se déroba à leurs larmes et à leurs sanglots ; et, tandis que Lédenon était dans les pleurs, Sommières se livrait à des transports de joie et se disposait à recevoir triomphalement le nouveau curé que lui envoyait la Providence.

Depuis le départ de M. Cantarelle (1), curé de Sommières, à l'époque de la Terreur, cette ville manquait

(1) M. de Cantarelle, d'une famille noble, était originaire de Sernhac. Il était curé de Saint-Pons, à Sommières. Il refuse de prêter le serment constitutionnel de 1791 ; il est porté sur la liste des émigrés, le 30 ventôse an II (1794). (*Les Évêques de Nîmes*, par l'abbé Goiffon.) Il préfère l'exil à l'apostasie, s'embarque à Aigues-Mortes, revient en France et meurt dans son pays natal.

de pasteur. L'abbé Bonavel, l'un des vicaires avant la Révolution, resté fidèle à ses devoirs, malgré les promesses et les menaces tentées pour l'entraîner dans le schisme, refusa de prêter serment à la constitution civile du clergé, mais n'abandonna pas les âmes confiées à sa garde. Il resta longtemps caché dans une maison où une famille chrétienne lui donna l'hospitalité, et il en sortait la nuit, aux plus mauvais jours de la persécution, pour porter aux catholiques fidèles les consolations et les secours de la religion. Quand le calme eut succédé à la tempête, que le catholicisme proscrit put rappeler ses enfants dans ses temples et le clergé prêcher librement la parole de salut, il fut nommé administrateur de la paroisse, en sa qualité de premier vicaire, et eut pour collaborateurs et collègues les abbés Merle et Joubert, jusqu'à l'époque de l'arrivée de M. l'abbé Dorte, au mois de mai 1803. L'Église, si longtemps et si cruellement persécutée, voyait enfin arriver le terme de ses épreuves et de ses combats.

Bonaparte, comme s'il eût reçu du ciel l'inspiration de ses destinées, conçoit la résolution de rendre la paix à l'Europe, à la France cette liberté vraie, fondée sur un gouvernement stable, dont elle n'avait vu depuis douze ans que l'ombre sanglante; de rétablir dans l'empire très chrétien la religion qui, durant quatorze siècles, en avait fait la gloire. Des négociations sont ouvertes avec la cour de Rome. Des obstacles de toute nature en traversèrent, durant deux années, l'exécution. Enfin, l'arrivée à Paris d'un cardinal-légat, Caprera, muni de pleins pouvoirs, rendit la paix et le calme aux consciences. Le 5 avril 1802, la Convention du 15 avril 1801, connue sous le nom de *Concordat*, est présentée, par le ministre des cultes Portalis, à l'acceptation du Corps législatif et acceptée comme loi de l'Etat. Le Concordat fut proclamé solennellement le jour de Pâques dans l'église métropolitaine de Paris. La présence du premier Consul, le concours de toutes les autorités civiles et militaires, les acclamations de l'allégresse publique donnèrent à cette fête un éclat, qui fut regardé comme le présage des nouveaux évènements que la Providence réservait à la France.

II

ARRIVÉE DE L'ABBÉ DORTE A SOMMIÈRES. SON INSTALLATION. FRUITS MERVEILLEUX DE SON ZÈLE

Les catholiques de Sommières, à la foi vive, à l'imagination ardente, firent éclater leur joie en apprenant que le veuvage de leur église allait enfin cesser, et que Dieu leur envoyait un prêtre distingué par ses talents et ses vertus, d'un dévouement à toute épreuve et dont le courage s'était retrempé dans le feu de la persécution. La population tout entière accourut à la rencontre de son nouveau pasteur, dont l'extérieur plein de grâce et de majesté et les paroles bienveillantes firent sur elle une impression profonde. Tout semblait concourir à rendre la fête de famille et plus touchante et plus belle. La nature avait repris sa robe de fleurs et de verdure et semblait partager la joie universelle. C'est au mois de mai 1803 (1) que l'abbé Dorte fit son entrée, je dirais presque triomphante, au milieu des vieillards, des hommes, des femmes, des jeunes gens, des enfants, qui s'empressaient de baiser les mains du confesseur de la foi et lui exprimaient par leurs cris,

(1) Nous avions suivi la version de M. Jury-Joly; cette version est erronée. Voici ce que nous écrit M. Cavard, curé actuel de Sommières :

leurs paroles et leurs gestes l'amour filial qui faisait palpiter leurs cœurs.

L'installation du nouveau curé (2) se fit avec la plus grande pompe et au milieu d'un grand concours de fidèles, accourus de toutes les localités voisines, pour être témoins d'un spectacle si consolant après de si longs jours de trouble, de désolation et de deuil. L'abbé Dorte monta en chaire et fit une allocution simple et paternelle, où se révélait son cœur d'apôtre, et qui enthousiama son nombreux auditoire.

La Révolution avait ravagé le champ du Père de famille, jadis si beau et si fertile, et maintenant couvert de ronces et d'épines. Ouvrier infatigable, le nouveau pasteur s'appliqua à défrichir avec une ardeur sans égale cette portion de la vigne du Seigneur confiée à son zèle, et se montra à la hauteur de la tâche immense qu'il avait à remplir. Il administra un grand nombre de baptêmes, plusieurs sous condition, car, pendant la tourmente révolutionnaire, beaucoup d'enfants avaient été baptisés par des laïques, qui pouvaient ne pas avoir rempli les conditions requises pour la validité du sacrement. Il légitima les mariages purement civils ou contractés devant des prêtres intrus. La suppression des

(2) « M. Dorte fut installé le 10 octobre 1803, par Jean Thomas Bazile de Ferrand, prêtre doyen de l'arrondissement de Nîmes, délégué par Jean-François Périer, évêque d'Avignon. Dans ce procès-verbal il est fait mention des lettres d'institution canonique, données par Mgr Périer, mais la date est laissée en blanc. — Cavard, curé de Sommières, 1er mai 1884. » — Ce n'est pas en 1802, comme l'affirme M. Jury-Joly, mais en 1803. M. Dugas se trompe également dans sa *notice biographique sur M. Dorte*, quand il dit qu'il fut appelé à Sommières en 1804.

institutions religieuses, la diminution des maisons d'enseignement, les perturbations sociales, les guerres de cette époque troublée avaient fatalement amené à leur suite l'ignorance et l'indifférence. Il fallut remédier à cet état déplorable des choses, faire pénétrer au sein des masses la lumière obscurcie des principes religieux, des dogmes catholiques. Son zèle suffit à tout; il prêche, il catéchise, il se multiplie, pour ainsi dire. Il établit des catéchismes de persévérance pour l'aider dans son ministère pastoral; et il en charge des personnes instruites et pieuses. Ces catéchismes sont fréquentés par des adultes, qui viennent avec empressement écouter la parole de Dieu. Il rétablit la confrérie du Saint-Sacrement, fondée par St-François Régis, laquelle sous son habile direction devint en peu de temps prospère, très brillante et ne tarda pas à compter dans son sein des membres très nombreux et très pieux. Sa dévotion ardente pour J.-C. caché sous les voiles eucharistiques dans nos saints tabernacles l'attachait par les liens les plus étroits à cette association, qui fut l'objet constant de sa sollicitude sacerdotale. Il ne négligeait pas pour cela le reste de son troupeau; il portait tous ses paroissiens dans son cœur et, comme saint Paul, il eût voulu être anathème pour ses frères, prêt à sacrifier sa vie pour eux. Les dissensions politiques et religieuses, qui avaient bouleversé la France, avaient jeté le trouble dans bien des familles et fait éclore des germes de haine et de discorde. L'abbé Dorte fit cesser ces troubles et ces haines et, comme un bon père de famille, ramena la paix, la concorde et l'amour parmi tous les enfants de Sommières. I devint la Providence du pauvre, la consolation des malheureux, le soutien et le père de la veuve et de l'orphelin.

Émerveillés des fruits de grâce et de salut que produisaient son zèle, son dévouement et son éloquence, des prêtres voisins font appel à sa charité, et l'apôtre infatigable évangélise tour à tour toutes les paroisses de la circonscription de Sommières ; il enflamme les tièdes, ranime la foi chancelante de plusieurs et ramène au bercail un grand nombre de brebis errantes. Quelques-uns de nos frères égarés rentrent dans le giron de la véritable Église, et le cri d'alarme est poussé dans le camp de la religion prétendue réformée. Non content de rompre le pain de la parole du haut de la chaire chrétienne, il prêche à domicile, il prie, il exhorte et il voit partout ses efforts couronnés de succès. Dans quelques années il eut réparé les ruines matérielles et spirituelles qu'avait amoncelées l'impiété révolutionnaire, et son indomptable énergie fit rentrer la religion dans tous ses droits imprescriptibles.

Des six belles églises que possédait la ville de Sommières avant l'époque néfaste de la persécution, les catholiques n'avaient plus que la jouissance d'une seule, située à l'extrémité de la banlieue, celle des Cordeliers. Quatre furent vendues par la Convention ; les Protestants s'étaient emparés de l'antique et magnifique église paroissiale de Saint-Pons, au centre de la ville. Dévoré, comme le prophète-roi, « du zèle de la maison de Dieu », il mit au premier rang de ses devoirs celui de faire rentrer les fidèles dans la possession d'un local qui leur appartenait. Il entreprend sans hésiter un long et pénible voyage ; il se rend à Paris. Fort de la pureté de ses intentions et de la justice de sa cause, il ne néglige aucune démarche, emploie auprès du premier Consul tous les moyens que lui suggère son active pénétration, et, en deux mois, il atteint le but de ses désirs et retourne à Sommières, muni d'un décret consulaire qui lui rendait son église.

Ce succès lui valut la reconnaissance de ses paroissiens, et sa charité sut adoucir à nos frères séparés les conséquences d'un acte de justice qui aurait pu les blesser. Les Protestants eurent l'église des Cordeliers, placée à l'extrémité d'un des faubourgs de la ville.

Plein de mansuétude et doué d'un cœur compatissant pour la misère et la souffrance, il n'oublie pas les déshérités de la fortune, et, après avoir surmonté mille obstacles, au prix de bien des sacrifices, il réalise un projet qu'il avait médité depuis longtemps. L'ancien couvent des Cordeliers est converti en un hospice où sont recueillis, nourris et soignés comme des frères ceux que les malheurs des temps, la naissance où des infirmités avaient privés des biens de la terre et exposaient aux rudes épreuves de la vie.

Sommières possédait un couvent de religieuses Ursulines ; cet asile de l'innocence et de la prière avait été vendu comme bien national par des gouvernants impies et cupides, et les saintes filles, les chastes épouses de J.-C. avaient été dispersées par la Révolution, comme un vol de timides colombes par l'orage. Il les réunit dans l'ancien couvent des Capucins ; la nouvelle communauté prend un accroissement rapide et un grand nombre de jeunes personnes, dont quelques-unes appartenaient aux familles les plus honorables et les plus remarquables, y prennent le saint habit, et, grâce à l'habile direction de l'abbé Dorte, le monastère des Ursulines devient prospère et florissant. C'est en vain que la haine et l'envie s'efforcent d'arrêter cet élan, l'énergique directeur triomphe de toutes les difficultés, et cette maison, dont il est le fondateur, continue à attirer dans son sein de nombreuses novices ; ces dignes disciples de sainte Ursule édifient par l'éclat de leurs vertus et fixent l'attention des pères de famille par l'éducation solide et chrétienne qu'elles donnent aux jeunes personnes confiées à leur sollicitude maternelle.

Ce bienfait fut suivi d'un autre qui promettait des résultats plus généraux et plus importants encore. Les séminaires n'existaient plus : M. l'abbé Dorte voyait, dans l'avenir, la disette d'ouvriers évangéliques, qui menaçait de laisser en friche le champ du Père de famille; il réunit auprès de lui des jeunes gens appelés à l'état ecclésiastique et inculque dans leur âme les premiers éléments de la vie sacerdotale. C'est dans cette école modeste et inconnue qu'il prépare pour divers postes importants du diocèse de Nîmes des sujets du plus rare mérite.

La jeunesse était l'objet constant de sa sollicitude pastorale. L'ancien couvent des Ursulines, admirablement situé sur le large plateau qui domine la ville, grâce aux démarches du nouveau curé, est converti en un collège où les jeunes gens reçoivent une éducation solide et religieuse, et de nos jours encore cet établissement, dirigé par des maîtres habiles et savants, se maintient à la hauteur de la réputation qu'il a toujours méritée.

III

PERMUTATION. — REGRETS. — DÉPART

M. de Clavière, curé de Saint-Gilles, faisait de fréquentes visites à Sommières. Le site et la beauté de la ville, l'état florissant de cette paroisse, et l'espoir de voir les talents et les vertus de l'abbé Dorte reproduire les fruits merveilleux de salut dont il était témoin, le portèrent à proposer à son confrère et ami une permutation de titres. Il fit vibrer la corde sensible du cœur brûlant de zèle de l'abbé Dorte. — Saint-Gilles, lui dit-il, sera un théâtre plus vaste et plus digne de vous ; il a de plus grands besoins ; sa population, quoique croyante et fidèle, a été négligée depuis longtemps. Je ne me sens plus assez de force et de vigueur pour me livrer à des travaux et des soins que réclame impérieusement l'état de cette paroisse. Il serait glorieux pour vous, encore plein de force et d'ardeur, de defricher cette partie de la vigne du Seigneur, où croissent encore bien des ronces et des épines. Vous renouvellerez à Saint-Gilles, cure de première classe, les prodiges opérés à Sommières, qui n'est qu'une cure de seconde classe. Je dois vous en faire l'aveu ; j'ai déjà obtenu le consentement de Mgr Périer, évêque d'Avignon, juste appréciateur de votre mérite.

L'abbé Dorte était dans une grande perplexité; il était très attaché à la population de Sommières, qui avait donné à son pasteur tant de gages d'affection et tant de preuves de sa fidélité et de sa foi religieuse. Lié par un serment solennel, il savait que la première vertu du prêtre est d'obéir à ses supérieurs hiérarchiques et de se soumettre à leurs décisions.

L'évêque d'Avignon s'occupa de cette affaire; il écrit à l'abbé Dorte et l'engage vivement à accepter la proposition faite par M. de Clavière, lui faisant entrevoir le bien immense qu'il ferait à Saint-Gilles. M. Dorte garde le silence ; mais voyant dans la volonté de son évêque celle de Dieu, dont il est le représentant, il donne sa démission. Un mois après, la permutation est approuvée par le gouvernement.

Cette nouvelle ne tarda pas à se propager, et elle fut bientôt répandue dans Sommières. La ville est dans la consternation ; impossible de dépeindre la douleur générale. L'abbé Dorte paraît dans l'église, monte en chaire pour faire ses adieux à ses chères ouailles ; tout l'auditoire fond en larmes, les cris, les sanglots l'empêchent de se faire entendre. La foule le suit à la sortie de l'église et accompagne jusqu'au presbytère le pasteur, profondément ému de ces vives démonstrations d'amitié et de dévouement. Il se dérobe à l'empressement de ses paroissiens et se rend dans une maison particulière, d'où il essaie de sortir. C'était dix heures du soir ; il est reconnu, et un homme aux épaules herculéennes, d'un dévouement à toute épreuve, le rapporte bon gré, mal gré, dans le presbytère ; il y est gardé à vue. Heureusement, dans la semaine survint un orage pendant la nuit, et ce fut à la faveur des ténèbres que, sortant par une porte dérobée, il parvint à tromper la vigilance des gardiens et à se soustraire aux trop bruyantes affections d'un peuple qui ressentira longtemps la perte d'un si bon père et en conservera un impérissable souvenir. Il quitta Sommières, les larmes aux yeux, le cœur attendri, et s'achemina vers Saint-Gilles, qui devait être le dernier théâtre de son zèle apostolique et où sa dépouille mortelle devait être déposée dans la crypte de la célèbre église abbatiale, à côté de celle de l'illustre anachorète dont la mémoire, après de si longs siècles, est encore si vivace dans le monde chrétien.

IV

ARRIVÉE DE L'ABBÉ DORTE A SAINT-GILLES. — IL EST PERSÉCUTÉ. — SA FUITE A LÉDENON

L'abbé Dorte fut nommé curé de Saint-Gilles par un décret daté du 5 février 1813 (1) ; il y arriva au mois d'avril de la même année. Précédé de sa réputation, il y fut reçu comme l'envoyé du Ciel, et s'y livra dès lors avec une ardeur infatigable aux exercices du saint ministère et aux devoirs de charité qui ont marqué toute sa carrière.

Son installation eut lieu le 12 avril de l'année mentionnée plus haut (2). La cérémonie fut présidée par M. Bonhomme, curé de Saint-Charles, délégué par Mgr Périer, évêque d'Avignon, au milieu d'un concours considérable de fidèles, et dont l'éclat était relevé par la présence d'une grande partie du clergé de Nîmes et des environs.

Les regrets qu'il laissait à Sommières furent si vifs que presque tous ses paroissiens vinrent le visiter dans sa nouvelle résidence ; son ancien troupeau de Léde-

(1) *Lettre de M. l'abbé Goiffon*, archiviste du diocèse de Nîmes.

(2) M. Jury-Joly est dans l'erreur, en faisant arriver M. Dorte à Saint-Gilles en 1812. M. Dugas, d'accord avec M. Goiffon, dont la vaste érudition est connue, fixe l'arrivée et l'installation de M. Dorte à Saint-Gilles en 1813.

non grossissait l'affluence, et pendant plus d'un mois la maison curiale fut le rendez-vous de l'élite des deux paroisses.

Tandis que M. Dorte partageait son temps entre les devoirs d'une si honorable et si douce hospitalité envers ses anciennes ouailles et les soins de son nouveau troupeau, deux hommes, qui ne tardèrent pas à être châtiés par la justice divine, entraînés par des vues d'amour-propre et de faux calculs d'intérêts, parvinrent à organiser contre leur curé une de ces grandes persécutions que Dieu réserve à ses saints.

Une faction, dont les chefs étaient impies et la masse fanatique, se déchaîna contre le saint homme et lui donna beaucoup à souffrir, beaucoup à pardonner.

Médisances, calomnies, injures, menaces, rien ne fut épargné pour rendre le bon pasteur odieux à son peuple et pour abreuver sa vieillesse de chagrins et d'amertumes. A des attaques aussi brutales, M. Dorte n'opposa d'autres armes que la patience et la charité, accompagnées d'un redoublement d'ardeur dans l'exercice de ses fonctions. Les désordres et les scandales furent grands, les autorités locales et supérieures n'attendaient qu'une plainte de sa part pour prêter le bras séculier à l'innocence opprimée ; mais il fut impossible de vaincre la patience obstinée de la victime, et il écrivit à cette occasion : « A Dieu ne plaise que le « pasteur du troupeau, celui qui doit souffrir en si- « lence, à l'exemple du divin Maître, à Dieu ne plaise « qu'il élève une voix accusatrice et devienne, même « justement, la cause d'aucune espèce de condamna- « tion au for extérieur. J'attends tout de la miséricorde

« de Dieu, qui permet ces choses, et m'écrie : « *Bonum* « *mihi, quia humiliasti me* (1), mon humiliation est un « bienfait. » (Voir *Notice biographique de M. R. D.*)

Cependant, les troubles des Cent-Jours donnant une nouvelle recrudescence à la haine farouche de ses persécuteurs, la prudence fit un devoir à l'abbé Dorte de se dérober par la fuite à la vengeance de ses ennemis acharnés. Nous laissons la parole à M. l'abbé Jury-Joly :

« En 1814, nous nous vîmes contraints, l'abbé Dorte et moi, pour nous soustraire aux avanies, aux insultes et aux menaces qui nous furent faites dans la maison curiale, de chercher notre salut dans la fuite. Nous nous échappâmes du presbytère en montant sur le toit et en passant dans la maison voisine, appartenant à M. Serrier, et de là nous nous rendîmes, sans être connus, grâce à notre travestissement, dans la commune de Lédenon.

« Le lendemain de notre arrivée dans le village, où tout était calme, — les passions politiques n'avaient point pénétré parmi cette population profondément chrétienne, — M. Dorte me proposa de faire une promenade, — un peu longue, me dit-il, et par des chemins raboteux et difficiles ; vous sentez-vous le courage de me suivre ? — Mais expliquez-vous, mon cher oncle, lui répondis-je, sur le terme et le but de cette promenade ? Il avait alors soixante et dix ans, je n'en avais que vingt-cinq. — Décidez-vous, ajouta-t-il, et venez ; je vous indiquerai des lieux qu'il est bon de connaître

(2) Psalm. LXXI.

et vous dirai des choses que tout le monde ne sait pas. L'horizon est encore gros de nuages, signes avant-coureurs de la tempête, et peut-être que l'Église sera encore persécutée par les méchants. Il est bon et prudent de s'assurer un gîte pour les jours de tribulations et d'épreuves. Allons d'abord à l'ermitage de Collias. — Ma jeune imagination s'anime, j'acquiesce à sa demande, et, le bâton à la main, nous partons.

C'est pendant notre course de Lédenon à l'ermitage, confiée à la garde de Mailhan, ami de cœur de M. Dorte, que celui-ci me fit de nouveau le récit, mais avec plus de détails, de ce qu'il m'avait raconté autrefois. — Ces sentiers, me disait-il avec bonheur et d'un air de jubilation, me rappellent les plus précieux souvenirs et les plus beaux jours de ma vie de prêtre. J'y ai souffert — me montrant du doigt les solitudes que nous allions visiter — le froid, la chaleur, la faim, la soif, tant d'autres maux de toute espèce ; mais ni la rigueur des saisons, ni l'aspérité de ces lieux déserts, ni les nombreuses privations qui étaient mon partage de chaque jour, ni l'acharnement et la méchanceté de ces hommes féroces qui me traquaient comme une bête fauve et venaient troubler ma retraite ; non, rien n'a pu altérer la sérénité de mon âme, que Dieu, dans sa miséricorde, inondait de consolations célestes. J'avais une confiance entière en Celui qui est la force du faible, le soutien et la consolation du malheureux et fait avorter les complots des hommes pervers. Oh ! avec quel charme, avec quels élans d'amour, quelle foi vive, avant de reposer ma tête sur mon chevet de pierre dans ma chère grotte, en récitant Complies, je répétais ces paroles de David : « Seigneur, j'ai placé mon espérance en vous, je ne serai jamais confondu ; prêtez l'oreille à ma prière et délivrez-moi. Soyez pour moi un Dieu protecteur et un refuge assuré pour mon salut. Vous me retirerez de cette sombre retraite où ils m'ont contraint de chercher un asile, parce que vous êtes mon défenseur ; vous me délivrerez et me préserverez des flèches dont ils m'assaillent pendant le jour, au milieu des assauts qu'ils me livrent dans les ténèbres de la nuit, parce que vous êtes, Seigneur, mon espérance et mon refuge le plus sûr (1). »

C'est dans cette longue excursion que M. Dorte raconta à son neveu, dans leurs moindres détails, la plupart des évènements que nous avons relatés et qui restèrent profondément gravés dans sa mémoire. Le saint vieillard, le jeune vicaire et Mailhan visitèrent successivement les trois grottes habitées par le courageux proscrit durant la persécution. Ils s'y agenouillèrent, y adressèrent à Dieu des actions de grâces, arrosèrent de leurs larmes ces lieux témoins de la sainteté et de l'héroïsme du digne ministre de Jésus-Christ. Ils retournèrent le soir à Lédenon, et peu de temps après, les temps étant redevenus plus calmes, l'abbé Dorte, accompagné de M. l'abbé J[illegible]ry-Joly, reprit le chemin de Saint-Gilles, où les vrais catholiques et la portion la plus fidèle du troupeau attendaient avec impatience et anxiété le retour de leur bien-aimé pasteur.

(1) Psalm. LXX.

V

MERVEILLEUX EFFETS DU ZÈLE DE L'ABBÉ DORTE A S.-GILLES

Waterloo avait décidé du sort de l'Empire. Le dominateur de l'Europe, qui distribuait aux membres de sa famille les couronnes des monarques vaincus, montait sur le vaisseau anglais le *Bellérophon,* demandait, « comme un autre Thémistocle, à s'asseoir au foyer britannique », et était conduit sur le rocher de Ste-Hélène, qui devait être sa retraite, sa prison et son tombeau.

Le rétablissement de Louis XVIII sur le trône de ses pères rendit la paix à la France et à l'Europe entière. La faction impie qui avait abreuvé d'outrages l'intrépide curé de St-Gilles fut vaincue et désarmée par la charité admirable du digne ministre de Jésus-Christ. Les temps marqués arrivèrent : les chefs de cette trame sacrilège furent rayés du nombre des vivants, et leur troupe, lássée d'exercer contre le saint homme une persécution qui ne servait qu'à rehausser ses vertus avec plus d'éclat, sentit bientôt l'énormité de sa faute. Le repentir fit le reste.

Charitable pasteur, nous vous vîmes alors reporter vous-même au bercail la brebis égarée ; nous vous vîmes confondre, dans un commun oubli, toutes les peines et toutes les angoisses dont on avait payé vos bienfaits, et vos larmes de joie surpassèrent celles que vous avait fait répandre l'égarement de vos ouailles.

Nous devons raconter ici un trait touchant qui nous révèle sa grandeur d'âme et l'excellence de ce cœur qui ne connut jamais la haine et sut, à l'exemple du divin Maître, pardonner à ses plus farouches persécuteurs et leur donner des preuves de son amour. Immuable observateur des préceptes évangéliques, bénissant ceux qui le maudissaient, priant pour ceux qui le persécutaient, faisant du bien à ceux qui lui faisaient du mal, il semblait, véritable père, avoir plus de tendresse pour ses enfants qui l'accablaient de plus d'outrages et d'insultes, ayant toujours présentes à son esprit ces paroles du Sauveur : « Et moi, je vous le dis, aimez vos ennemis (1). »

Un de ses persécuteurs les plus acharnés tombe dangereusement malade ; M. Dorte accourt au chevet de son lit ; il l'embrasse et lui témoigne la plus vive affection. Cet homme au cœur de bronze est comme subjugué par la charitable et noble conduite du prêtre, il pleure, lui demande pardon des avanies dont il l'a abreuvé et le supplie d'oublier ses égarements et sa conduite indigne. M. Dorte l'embrasse de nouveau, et lui montrant l'image du Christ qu'il lui donne à baiser : — « Mon fils, dit-il, J.-C. vous pardonne, mêlons notre joie à celle des anges qui dans le ciel se réjouissent plus de la conversion d'un pécheur que de la persévérance de quatre-vingt-dix-neuf justes.

La maison de ce malheureux offrait le triste specta-

(1) Math. V. 44.

cle de la plus affreuse misère ; quelle ne fut pas sa surprise ! Ayant recouvré la santé, il aperçoit une pièce d'or que la main généreuse du prêtre avait placée sous le chandelier, qui était sur la table de sa chambre.

Tant de générosité devait ramener les plus endurcis ; pas un ne résista. Dieu avait commandé aux vents et à la mer, et la tempête s'apaisa : le calme le plus profond fut la juste compensation de tant de troubles, et la paroisse jouit de l'inappréciable avantage d'un seul pasteur et d'un seul troupeau.

Retrempée dans le feu de cette grande tribulation, la charité de notre pasteur n'en devint que plus ardente, et son zèle, qui ne connut jamais d'autres bornes que la prudence, se déploya avec une nouvelle vigueur.

Plusieurs conversions d'éclat en furent les fruits ; des adultes furent régénérés dans les eaux du baptême ; une foule de mariages furent réhabilités ; le pain de la parole fut distribué à profusion à une population dont l'ignorance était le premier fléau ; les cérémonies elles-mêmes concoururent, par leur pompe et leur imposante solennité, à la gloire de la religion.

Mais c'était peu pour M. Dorte de faire le bien, il voulait lui donner ce caractère de durée et de stabilité qui, en assurant des résultats positifs, promît encore de nouvelles espérances.

Dans ce but, des congrégations d'hommes, de femmes et d'enfants furent établies ; sous ses auspices, elles devaient maintenir et perpétuer de plus en plus les semences de piété dont elles avaient reçu le dépôt. La congrégation des filles de Saint-Vincent, si distinguée par son dévouement à toutes les œuvres de charité et par les merveilleux talents de l'éducation chrétienne, reçut de sa main bon nombre de jeunes filles qui, consacrées aujourd'hui au service des pauvres, rendent à la religion et à la société, en services et en édification, ce que notre pasteur leur avait donné en conseils et en exemples.

Les indigents éprouvaient journellement les miracles de sa charité ; il les visitait sans cesse, avec les secours et les consolations spirituelles, il leur prodiguait de quoi soulager tous les maux de l'humanité : vêtements, remèdes, aliments, et savait encore adoucir par une tendre compassion les misères qu'il ne lui était pas donné de guérir entièrement. On l'a vu pleurer, lorsque sa bourse ne pouvait suffire à sa charité ; on l'a vu tromper la vigilance de ses domestiques, pour distribuer sa propre soupe, et répondre, sur le ton de l'excuse, aux mêmes domestiques : — *Ce malade en avait besoin... N'en parlez pas... Je me contenterai de ce qu'il y aura.*

Philosophes humanitaires, hommes du progrès, montrez-nous vos héros, et dites-nous s'ils ont poussé jusques là leur générosité et leur philanthropie !

L'hiver calamiteux de 1829, ayant épuisé toutes les ressources ordinaires, engendra parmi notre population agricole une misère inconnue à nos aïeux ; le pasteur y opposa une immense charité.

Ce n'est pas seulement à Saint-Gilles que l'homme de Dieu se montre miséricordieux et compatissant envers les malheureux et les déshérités du monde ; à Lédenon, à Sommières il console et soulage toutes les souffrances et toutes les infortunes. Voici un extrait du registre des délibérations du conseil de fabrique de cette dernière ville, que nous communique M. Cavard, actuellement curé-doyen de Sommières; c'est un témoignage trop important et trop flatteur pour les catholiques reconnaissants de cette ville et pour le digne pasteur, pour que nous le passions sous silence (1).

« Le 20 avril 1813, le conseil de fabrique, considérant que les marguillers et le conseil de fabrique doivent des remerciements à M. le curé (Dorte) d'avoir bien voulu se charger de faire chaque année les avances nécessaires pour l'exercice du culte, n'ayant d'autres ressources que le produit de la location des chaises ; ce produit ne suffit pas et n'aurait pas suffi pour toutes les dépenses. — Que, M. le curé étant à la veille de son départ, les marguillers et le conseil de fabrique, au nom de tous les habitants catholiques de cette paroisse, en particulier, au nom des nécessiteux pour qui il a fait de nombreux sacrifices, et en général de tous les pauvres de Sommières et des environs, qui trouvaient toujours en lui des secours, soit pécuniaires, soit en payant pour eux tout ce qui était nécessaire dans le cours de leurs maladies, doivent lui témoigner les expressions de leur gratitude, les regrets universels que son départ suscite dans tous les cœurs, et la vénération et l'amour qui l'accompagneront dans quelque poste que la Providence le place ;

« Arrête, etc., etc.

(1) *Lettre* de M. CAVARD, *curé-doyen de Sommières*. (*Voir les archives de la fabrique de cette ville*.)

....
....

« Article 3. — Extrait de la présente délibération sera remis à M. Dorte, tant pour lui servir de titre envers la fabrique de Sommières, que pour ne laisser aucun doute sur l'attachement universel de tous les catholiques, le respect dont ils sont pénétrés pour lui et la reconnaissance qu'ils lui témoignent de tous les sacrifices qu'il a faits pour eux, et du zèle rare et fruc. tueux dans l'exercice de ses fonctions, et qui a opéré un si grand bien que, d'âge en âge, son nom et ses bienfaits seront gravés dans tous les cœurs. »

A tant de bonnes œuvres joignons l'accomplissement non interrompu des pénibles fonctions du saint Ministère, la persévérance à instruire et à catéchiser, l'assiduité au tribunal de la pénitence, la présence à tous les exercices de piété, et nous n'aurons qu'une faible idée du pasteur à qui les nombreux travaux du saint ministère ne laissaient souvent que les loisirs de la nuit pour la récitation du saint office (1).

Telle fut la vie de cet homme de bien jusqu'au mo-

(1) Nous tenons d'un prêtre respectable qui partageait, en 1826, les travaux évangéliques de M. Dorte, que le samedi d'avant le dimanche de *Quasimodo*, après avoir pris son repas à midi, il vaqua jusqu'au soir aux œuvres pieuses, et commença à sept heures les confessions que la communion du lendemain rendait très nombreuses. La récitation du bréviaire n'était pas achevée et il n'avait rien pris depuis midi. Partagé entre la nécessité de dire son office et de prendre quelques aliments, il préféra remplir sa tâche quotidienne. Le lendemain il célébra la messe de communion ; il ne fut soutenu, dans cette longue cérémonie, que par la joie qu'il eut de voir bon nombre de ses

ment où Dieu lui donna d'ajouter encore un fleuron à sa couronne.

paroissiens participer à la table sainte; et ce ne fut qu'à dix heures qu'il rentra chez lui. Quel trait, dans un vieillard octogénaire! — R. D.

VI

MALADIE DE L'ABBÉ DORTE. — SA MORT. SON TOMBEAU

L'abbé Dorte avait été admirablement doué par la nature : esprit droit, imagination très vive, corps robuste, taille majestueuse, voix vibrante et sonore : c'était le *mens sana in corpore sano.* Nous n'avons plus les tempéraments fortement trempés de nos pères ; où sont de nos jours les prêtres octogénaires qui, après les épreuves les plus terribles et les privations de toute espèce, peuvent, comme le curé de St-Gilles, remplir avec une ardeur toute juvénile les devoirs pénibles de la charge pastorale ?

Courbé sous le poids des années, épuisé de travaux, et partageant les malheurs de ses enfants, cet infatigable ouvrier semblait rajeunir dans l'exercice du ministère ; il multiplia les prodiges de la munificence ; il redoubla d'ardeur et d'activité alors que son existence même n'était qu'un miracle continu.

Rien ne fut changé ni négligé dans son genre de vie ; seulement, à mesure que les jours devenaient plus mauvais, ses occupations se compliquaient davantage.

Il trouva dans cette crise un puissant auxiliaire dans la personne et les généreux sacrifices de M. le baron de Rivière, maire de St-Gilles. Cet honorable magistrat s'associa à la charité du ministre de J.-C. : des sommes considérables furent versées par lui dans le sein des pauvres, et cet habile administrateur trouva le moyen d'en perpétuer l'emploi et d'en confier le soin à des associations charitables qui subsisteront après nous.

Quant à M. Dorte, il ne lui était pas permis de goûter un seul instant de repos. Au retour d'une saison plus douce, les travaux du temps pascal vinrent le surcharger encore ; mais il se sentait faiblir insensiblement, et la nature demandait depuis longtemps un soulagement que ni son âge, ni le genre et la multiplicité de ses occupations ne pouvaient lui procurer (1).

Le dimanche de Quasimodo, après une pénible matinée, il voulut encore passer au tribunal de la pénitence le reste du jour. Cet effort fut le dernier de sa glorieuse vie. Il succomba trois jours après, le mercredi soir du 21 avril 1830, dans l'exercice actuel de la charité, car nous avons la certitude qu'il faisait l'aumône dans son lit de souffrances peu d'heures avant son trépas. Il est mort sur la brèche, les armes à la main. On peut dire de lui, comme d'un grand orateur populaire :

Soldat du Christ, dans sa vieillesse,
Comme aux beaux jours de sa jeunesse,
Dorte combat avec ardeur,
Et tombe en un jour de bataille,
Comme, emporté par la mitraille,
Tombe un héros au champ d'honneur.

(1) Sa piété redoublait par le pressentiment de sa fin prochaine ; il faisait depuis longtemps l'exercice quotidien de la préparation à la mort.

Ainsi est passé cet homme de bien, dont on peut dire *à la lettre* et avec l'Esprit-Saint : « Bienheureux celui qui a été trouvé sans tâche, qui n'a pas couru après l'or, n'a point placé son espérance dans l'argent et les trésors (1). »

Il est mort pauvre, ne laissant d'autre héritage que celui de ses vertus et de ses bons exemples, et la fabrique a fourni aux frais de ses funérailles. Pour les rendre dignes du saint ministre de Jésus-Christ, tous les pauvres se pressaient autour des restes sacrés de celui qui fut leur consolateur et leur père ; cinq cents rations de pain ont été distribuées ; pouvait-on honorer plus dignement la mémoire de celui qui imita de si près les exemples des Xavier et des Vincent ?

Une foule avide d'entrevoir sa dépouille vénérable attestait sa douleur par ses larmes et ses soupirs, et ici, comme ailleurs, on répétait de toutes parts : « *Transiit benefaciendo,* il a passé en faisant le bien (2). »

Ce savant homme ne nous laisse rien de lui ; son âme expansive et féconde n'attachait pas plus de prix aux richesses intellectuelles qu'à toutes les autres. On lui connaissait, comme nous l'avons déjà dit, trois carêmes écrits : une Dominicale complète et un Traité de la doctrine chrétienne, chef-d'œuvre de clarté, de de précision et de solidité ; pas une feuille de ces immenses matériaux n'a été trouvée dans ses papiers. Ce précieux trésor, en partie du moins, fut anéanti sans doute dans ces souterrains creusés dans le jardin du

(1) *Ecclesiastic.* XXXI, 8, 9.
(2) *Act.* X. 38.

presbytère de Lédenon, où il avait été caché, et qui ne présenta plus qu'un monceau de poussière, quand on y fit des fouilles après la Révolution.

Voilà tout ce que nous avons pu recueillir de ce saint homme, dont la mémoire sera éternelle parmi nous, comme celle du juste ; sa modestie nous a fait de nombreux larcins ; mais ses vertus ont reçu leur récompense, cela nous console et lui suffit.

Son corps fut inhumé dans la crypte ou église souterraine de Saint-Gilles. A l'endroit même où l'on voulait le déposer, on trouva un tombeau antique, qu'on aurait dit creusé à dessein, car le cercueil qui contenait la dépouille mortelle du vénéré pasteur semblait fait exprès pour cette tombe. L'abbé Meyrieu, alors professeur de dogme au grand séminaire de Nîmes, plus tard évêque de Digne, composa cette épitaphe, qui fut gravée sur la pierre tumulaire qui recouvre les restes mortels du courageux confesseur de la foi :

HIC JACET
LVDOVICVS DORTE
SACERDOS
PIVS ET DOCTVS
PAROCHVS
VIGILANS ET INDEFESSVS
PATER
PAVPERVM INFIRMORVMQVE
CVRATOR
BENEFACIENDO PERTRANSIIT
MDCCCXXX
ÆTATIS SVÆ LXXXVI
CVRIS FABRICÆ ECCLESIÆ ÆGIDIENSIS

« Ici repose Louis Dorte, prêtre pieux et savant, curé vigilant et infatigable, père des pauvres et médecin des infirmes ; il a passé en faisant le bien. 1830, mort à l'âge de 86 ans. C'est la fabrique de Saint-Gilles qui lui a élevé ce monument. »

Cette épitaphe, très belle, n'eût-elle pas été plus correcte et plus parfaite, si elle avait mieux caractérisé le noble courage du confesseur de la foi pendant la Révolution ?

Coïncidence remarquable ! l'illustre fugitif d'Athènes, Gilles, aborde aux rivages de la Provence, vient se cacher dans les cavernes des bords du Gardon, pour se dérober aux regards de la foule qu'attire l'éclat de ses vertus et s'unir plus intimement à Dieu dans la solitude par la contemplation ; et le pasteur proscrit de Lédenon, à plus de dix siècles d'intervalle, vient se cacher dans ces mêmes cavernes et cette même solitude, pour échapper aux poursuites des bourreaux altérés de son sang. C'est dans une grotte de la vallée Flavienne, dans une église souterraine, que sont ensevelis les restes mortels du grand saint qui attire vers son tombeau des milliers de pèlerins de l'Europe chrétienne ; et c'est dans cette même église qu'est enseveli le courageux proscrit de nos discordes civiles. Saint Gilles et l'abbé Dorte dorment côte à côte leur dernier sommeil.

L'impiété règne en souveraine, les disciples du Christ sont persécutés. La croix, ce phare de l'humanité, ce symbole de la délivrance et de la liberté, pourchassée par la Révolution, trouve encore un faible abri dans nos temples. Disparaîtra-t-elle tout à fait de la France ;

de la France, fille aînée de l'Église, de la France de Clovis, de Charlemagne, de saint Louis, de Bayard, avec le catholicisme qui a civilisé l'Europe et le monde ? Non, non, elle triomphera de ses ennemis : dix-huit siècles de conquêtes et de victoires, et les paroles du Christ qui lui promettent l'immortalité, sont de sûrs garants de ses prochains triomphes. Des prêtres intrépides, comme celui dont nous avons retracé les vertus héroïques et sublimes, descendront dans l'arène, si l'impiété révolutionnaire porte sa main sacrilège sur l'Arche sainte ; et nous répétons avec confiance ces vers rassurants du poète, répondant aux impies qui nous disent que le catholicisme a fait son temps, que le Christ est bien mort :

« C'était le cri moqueur des cohortes armées ;
Mais le divin Géant foudroya ces pygmées,
Qui percèrent ses mains ;
Quand il semblait dormir dans son linceul de pierre,
Il brisa son tombeau, coucha dans la poussière
Les vieux soldats romains. » (1)

(1) *Odes et élégies*, par l'abbé TH. B., pag. 126.

Cathalan de Lédenon a sûrement aussi de quoi faire honneur à la guillotine.... (Lettre d'un juge de paix à l'accusateur public.)

(*Pièces et documents pour servir à l'histoire de la Terreur à Nîmes*, p. 219.)

TABLE DES MATIÈRES

IIIme PARTIE. — Après la Terreur

AVIGNON. — IMPRIMERIE SEGUIN FRÈRES

www.ingramcontent.com/pod-product-compliance
Ingram Content Group UK Ltd.
Pitfield, Milton Keynes, MK11 3LW, UK
UKHW020558180726
13838UKWH00001B/322